"十三五"国家重点出版物出版规划项目

工业和信息产业科技与教育专著出版资金项目

工 业 互 联 网 丛 书

工业互联网平台：
新一轮产业竞争制高点

工业互联网产业联盟　中国信息通信研究院

电子工业出版社
Publishing House of Electronics Industry
北京·BEIJING

内 容 简 介

近年来，工业互联网在全球范围快速兴起和发展，引发信息技术与制造技术加速融合创新，并驱动制造业的智能化发展。随着工业互联网逐步走向应用部署，工业互联网平台作为工业全要素、全产业链、全价值链连接的枢纽和工业资源配置的核心，正成为新一轮产业竞争的制高点和核心。

工业互联网平台的发展总体上还处于起步阶段，上述这些判断有些已经发生，但更多还是未知的。本书内容涵盖工业互联网平台的战略意义、内涵、趋势、技术体系、标准体系、产业生态、应用推广、商业模式和发展部署，系统地展示了工业互联网平台领域的现状、研究成果和未来发展方向，旨在与社会各界进行分享、交流和探讨，共同促进工业互联网平台的建设及推广。

为了便于读者了解更多我国工业互联网平台相关的政策，本书正文后面附了两个政策文件：附录 A《工业互联网平台建设及推广指南》和附录 B《工业互联网平台评价方法》。希望本书能为从事工业互联网、信息化和工业化融合、数字化转型等相关工作的政府机构、企业及个人认识和了解工业互联网平台提供参考。

图书在版编目（CIP）数据

工业互联网平台：新一轮产业竞争制高点 / 工业互联网产业联盟等编著. —北京：电子工业出版社，2019.10
（工业互联网丛书）
ISBN 978-7-121-37333-6

Ⅰ．①工… Ⅱ．①工… Ⅲ．①互联网络－应用－工业发展－研究 Ⅳ．①F403-39

中国版本图书馆 CIP 数据核字（2019）第 189777 号

责任编辑：郭穗娟
印　　刷：涿州市般润文化传播有限公司
装　　订：涿州市般润文化传播有限公司
出　　版：电子工业出版社
　　　　　北京市海淀区万寿路 173 信箱　邮编　100036
开　　本：720×1000　1/16　印张：13.5　字数：210 千字
版　　次：2019 年 10 月第 1 版
印　　次：2021 年 12 月第 4 次印刷
定　　价：88.00 元

凡所购买电子工业出版社图书有缺损问题，请向购买书店调换。若书店售缺，请与本社发行部联系，联系及邮购电话：（010）88254888，88258888。
质量投诉请发邮件至 zlts@phei.com.cn，盗版侵权举报请发邮件至 dbqq@phei.com.cn。
本书咨询联系方式：（010）88254502，guosj@phei.com.cn。

"工业互联网丛书"
编辑委员会

"工业互联网丛书"
总　序

2019 年正值互联网发明 50 周年，也是中国全功能接入互联网 25 年。中国互联网用户普及率接近 60%，以国内电商为代表的消费互联网业务全球领先，互联网已经深入到社会生活的方方面面，数字经济对经济增长的贡献日益显著。现在我国消费互联网在教育、医疗、养老、文化、旅游和海外电商等应用领域还有待拓展和深化，但更大的发展空间在工业互联网，工业互联网可看做互联网的"下半场"，既是互联网发展的新动能，也是拉动经济增长的新引擎。2019 年的《政府工作报告》提出，打造工业互联网平台，拓展"智能+"，为制造业转型升级赋能。工业互联网的提出不仅是与消费互联网新旧动能的接续，而且正好与中国从中高速发展向高质量发展的转型时间对应，是实现质量变革、效率变革和动力变革的关键。

"工业互联网丛书"站在新一代科技革命到来和国际竞争面临前所未有不确定性的时代格局下，透析了工业互联网提出的背景，解读了工业互联网体系的构成，以丰富的实践案例佐证了工业互联网的成功应用；对照国外工业互联网的发展战略与布局，分析了中国发展工业互联网的有利条件与不利因素，展望数字经济时代中国工业互联网

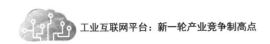

发展的机遇与挑战，提出了深入促进工业互联网发展的建议。

互联网走过 50 年，而工业互联网现在才刚开始。互联网从面向人到面向企业，在技术要求、实施主体、产业生态、商业模式等方面都有很大差异。工业互联网在全球也处在发展过程中，对于工业现代化任务很重的中国来说，全面实现工业互联网的路还很长，但中国工业互联网的实践一定会对全球工业互联网的发展做出自己的贡献。

"工业互联网丛书"的写作团队对国内外工业互联网的情况有较全面的了解，深入企业获得第一手的案例与诉求，已编写出数十本有关工业互联网的白皮书和研究报告，在此基础上用简洁和通俗的语言介绍工业互联网。在中国工业互联网起步阶段"工业互联网丛书"的推出正当其时，但对工业互联网的理解和应用肯定随时间而深化，有待更多的实践来补充和完善。

中国工程院院士　邬贺铨

2019 年 8 月 12 日

编 写 说 明

工业互联网平台作为工业全要素链接的枢纽与工业资源配置的核心，在工业互联网体系架构中具有至关重要的地位和作用。2017年11月，国务院颁布了《关于深化"互联网+先进制造业"发展工业互联网的指导意见》，明确将构建网络、平台、安全三大功能体系作为其重点任务。为此，在工业和信息化部指导下，工业互联网产业联盟组织编写了"工业互联网系列丛书"之《工业互联网平台：新一轮产业竞争制高点》一书。

本书共8章。第一章回顾了新一轮产业竞争的缘起，着重阐述工业互联网平台作为新一轮产业竞争制高点的战略意义。第二章重点介绍了工业互联网平台的体系架构与关键要素，解释工业互联网平台是什么，有哪些功能和作用，还展望了工业互联网平台的整体趋势。第三章全面阐述了工业互联网平台的技术体系，重点对平台主要技术创新趋势进行了探讨。第四章介绍了工业互联网平台标准体系，重点聚焦工业互联网平台标准现状和发展趋势。第五章全面分析了工业互联网平台的产业生态，包括当前平台发展的产业体系、布局路径、主体格局、构建方式、创新生态和开源趋势。第六章全面介绍了工业互联网平台的应用推广，涉及应用演进、应用价值规律、应用场景及其在

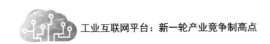

垂直行业的应用推广等内容。第七章尝试探讨工业互联网平台的商业模式。第八章围绕工业互联网平台未来的发展部署，提出了面临的机遇和挑战、发达国家可借鉴的战略以及相关的发展建议。

目前，工业互联网平台的发展总体上还处于起步阶段，在这样一个充满各种可能性的创新机遇期，本书作者希望围绕平台战略意义、内涵及趋势、技术体系、标准体系、产业生态、应用推广、商业模式和发展部署等方面的研究成果与产业各界进行分享与探讨，共同促进工业互联网平台的发展与部署。

目录 / Contents

第一章　工业互联网平台战略意义　/ 001

    1.1　新工业革命对制造业发展带来深刻
        变革　/ 001

    1.2　产业竞争演进沿革　/ 005

    1.3　工业互联网平台成为新一轮产业竞争
        制高点　/ 009

第二章　工业互联网平台内涵及趋势　/ 017

    2.1　工业互联网平台发展背景　/ 017

    2.2　工业互联网平台体系架构　/ 020

    2.3　工业互联网平台核心作用　/ 023

    2.4　工业互联网平台整体趋势　/ 025

第三章　工业互联网平台技术体系　/ 035

    3.1　工业互联网平台核心技术　/ 035

3.2 工业互联网平台技术架构 / 051

3.3 工业互联网平台网络传输 / 054

3.4 工业互联网平台开发框架 / 059

3.5 工业互联网平台应用开发 / 061

3.6 工业互联网平台边缘能力 / 064

3.7 工业互联网平台技术趋势 / 069

第四章 工业互联网平台标准体系 / 077

4.1 工业互联网平台标准体系 / 077

4.2 工业互联网平台细化标准 / 078

4.3 工业互联网平台标准现状 / 086

4.4 工业互联网平台标准发展趋势 / 088

第五章 工业互联网平台产业生态 / 093

5.1 工业互联网平台产业体系 / 093

5.2 工业互联网平台布局路径 / 097

5.3 工业互联网平台主体格局 / 100

5.4 工业互联网平台构建方式 / 104

5.5 工业互联网平台创新生态 / 106

5.6 工业互联网平台开源趋势 / 111

第六章　工业互联网平台应用推广　/ 113

　　6.1　工业互联网平台应用演进
　　　　趋势　/ 113

　　6.2　工业互联网平台应用价值
　　　　规律　/ 117

　　6.3　工业互联网平台应用场景　/ 126

　　6.4　大中小企业基于平台并行推进创新
　　　　应用与能力普及　/ 131

　　6.5　垂直行业工业互联网平台
　　　　应用　/ 136

第七章　工业互联网平台商业模式　/ 143

　　7.1　平台发展初步形成六类商业
　　　　模式　/ 143

　　7.2　不同类型平台商业模式各有
　　　　侧重　/ 147

　　7.3　平台商业价值演进的两条
　　　　路径　/ 148

第八章　工业互联网平台发展部署　/ 151

　　8.1　机遇与挑战　/ 151

　　8.2　发达国家工业互联网相关
　　　　战略　/ 164

　　8.3　政策措施建议　/ 175

　　8.4　平台发展建议　/ 181

参考文献　/ 185

附录 A　《工业互联网平台建设及推广
　　　　指南》　/ 187

附录 B　《工业互联网平台评价方法》　/ 193

第一章

工业互联网平台战略意义

1.1 新工业革命对制造业发展带来深刻变革

继机械化、电气化、自动化等产业技术革命之后，以信息网络技术加速创新与渗透融合为突出特征的新一轮工业革命正在全球范围内孕育兴起，数字经济正成为全球经济增长的重要驱动力。制造业加速向数字化、网络化、智能化方向延伸拓展，软件定义、数据驱动、平台支撑、服务增值、智能主导的特征日趋明显。

1.1.1 软件定义

软件定义是新工业革命的重要标志，通过软件定义来推动技术进步和产业发展已在业内逐渐形成共识。软件定义主要体现在采用可编程的软件去"诠释"实体的产品，并通过软件系统赋予产品更多的应用功能和使用价值，满足信息时代多样化的需求。即用"软件"为"硬件"赋能（Enable），增加其功能和价值，进而实现智能化，同时孕育新的商业模式。

软件定义是数字经济持续发展的重要驱动力。随着软件定义不断深化，"软件"的赋能作用和复用迭代作用日益凸显，尤其是在推动技术创新和两化融合方面成为无可替代的重要手段和引擎。软件定义正在使传统行业，特别是工业制造业发生转变。软件定义加速驱动制造业的数字化，通过生产制造全生命周期的数字化实时地采集和分析数据，支持智能决策。生产知识软件化，产品的设计、仿真、工艺和制造等技术和经验都不断地成长，通过软件固化沉淀下来。基于软件的使用，工业知识机理和专家经验实现显性化、复用化和智能化。

1.1.2　数据驱动

数据驱动是新一代信息技术的关键，也是新工业革命的创新变革源泉。在制造行业，数据是企业研发、采购、生产、销售等几乎所有经营活动不可或缺的信息，正在成为最宝贵的资源。数据是制造业转型升级的核心，通过工业数据全周期的应用，可以驱动工业系统的决策部署，实现机器弹性控制、运营管理优化、生产协同组织与商业模式创新，进而实现工业智能化发展。

制造系统中问题的发生及其解决过程会产生大量数据，这些工业数据除具有一般大数据的特征（数据量大、多样、快速和价值密度低）外，还具有时序性、强关联性、准确性、闭环性等特征。通过对这些数据的分析和挖掘，可以了解问题产生的过程、造成的影响和解决的方式。这些信息被抽象化建模后转化成知识，再利用知识去认识、解决和避免问题，核心是从以往依靠人的经验，转向依靠挖掘数据中隐性的线索，使得制造知识能够被更加高效和自发地产生、利用和传承。在制造系统和商业环境变得日益复杂的今天，数据驱动几乎成为高效便捷地解决问题和积累知识的唯一途径和手段。

1.1.3 平台支撑

互联网的发展为平台提供了前所未有的契机，使其以令人难以置信的速度和规模席卷全球各个产业。伴随着新一代信息通信技术和制造业的融合发展，以平台为核心的产业竞争正从消费领域向制造领域拓展。

在新工业革命的几大趋势特征中，软件定义、数据驱动、服务增值和智能主导，均要依托平台来实现。其中，固化和沉淀了大量工业知识和机理的软件需要在平台上开发、应用和迭代，驱动制造业转型升级的海量工业数据需要通过平台采集，进行清洗、存储、分析和应用；面向各个复杂工业场景的系统化服务和综合解决方案需要在平台上实现操作和增值，智能主导的新工业革命最终要依靠平台支撑其不断发展。当前，平台支撑已成为推动制造业与互联网融合的重要抓手，全球主要国家、产业界和领先企业纷纷加快战略布局，抢占平台竞争制高点。

1.1.4 服务增值

当前，随着软件和信息技术服务业规模迅速扩大，创新能力不断增强，大数据、云计算、人工智能、数字经济等新技术、新业态发展方兴未艾，软件和信息技术服务加速向经济社会各行业各领域渗透应用。新工业革命中的互联网、新一代信息技术等核心技术在第二产业出现萌芽，在第三产业发展壮大。因此，第三产业代表性的服务理念和服务导向根植其中。这在新工业革命对制造业的变革中也有深刻体现。从卖产品到卖服务、从提供标准服务到提供增值服务的转变趋势，已从第三产业迅速拓展蔓延到了第二产业。

新一代信息技术针对制造业提供的，本质上是一系列面向制造业数字化、网络化、智能化需求，构建基于海量数据采集、汇聚、分析的服务体系。这套服务体系在提供产品和系统解决方案的基础上，必须拓展服务增值，实现服务效应最大化，不断优化研发设计、生产制造、运营管理等资源配置效率，形成资源富集、多方参与、合作共赢、协同演进的制造业新生态。

1.1.5　智能主导

制造业转型升级的最终目的，是从网络化、数字化最终实现智能化。新工业革命的理念、技术和应用服务，也是以智能化为方向和目的的。其中，相较于传统工业软件所提供的可视化分析和简单指标分析，软件定义工业知识和机理可以获得更为显著的智能化效果。基于海量工业数据和各种复杂数据挖掘技术，数据驱动可以进行多领域数据的综合集成分析，平台支撑向下连接和汇聚海量的工业资源，向上承接和提供各种智能化的应用服务，同时进一步实现智能化的服务增值，满足制造企业的智能化转型升级需求。

新工业革命的核心技术不仅可以满足制造业多种不同场景的智能化分析需求，还可以面向制造企业智能化运营决策，以及企业间的制造资源与供应链的智能化协同。信息技术取代传统制造技术正成为制造业的核心价值来源，传统产业向互联网生态系统转移，标志着继移动互联网之后的新一轮技术创新浪潮，即泛智能化时代已经来临，智能主导下的制造业转型升级大幕已经拉开。

1.2　产业竞争演进沿革

1.2.1　第一轮产业竞争

从 18 世纪 60 年代开始，大英帝国一方面积极地发展海外贸易，积累了丰富的生产资本，同时也进行海外的殖民统治，扩展了本国的海外市场并且发现了最廉价的原料产地。另一方面，英国也在其所推行的"圈地运动"中收获了大量廉价的劳动力，使得工场手工业获得了蓬勃的发展，积累了丰富的生产经验，也大大增加了成品的产量。尽管如此，供应量还是无法满足不断扩大的市场需要，一场生产手段的革命呼之欲出。

于是，以"机械化"为基本特征的第一次工业革命在英国开始爆发，以欧洲为中心向外发展，到 19 世纪中叶席卷了欧洲的主要国家和美国及日本。

在棉纺织业领域，英国纺织工哈格里夫斯发明的"珍妮纺织机"

引发了发明机器、进行技术革新的连锁反应，揭开了第一次工业革命的序幕。从此，在棉纺织业中出现了骡机、水力织布机等先进机器。不久，在采煤、冶金等许多工业部门，也都陆续有了机器生产。随着机器生产越来越多，原有的动力如畜力、水力和风力等已经无法满足需要。后来，由瓦特制成的改良型蒸汽机投入使用，提供了更加便利的动力，得到迅速推广，大大推动了机器的普及和发展。

尽管各国历史条件不同，完成工业革命时间有先后，但都是使用大机器生产代替手工业小生产，也使得传统的手工业无法适应机器生产的需要。为了更好地进行生产管理，提高生产效率，资本家们开始建造工房，安置机器雇用工人集中生产。这样，一种新型的生产组织形式——工厂出现了。

工厂，这一种由"人"和"机器"配合的生产方式，成为工业化生产的最主要组织形式，日益发挥着重要的作用。也正是从这第一次工业革命开始，人类社会开始了产业竞争，进入工业时代。"产业工人"和"机器设备"这两种物质资本成为决定经济社会发展的第一生产要素。

1.2.2　第二轮产业竞争

到 19 世纪下半叶，以"电气化"为基本特征的第二次工业革命爆发。随着社会化大生产的发展，资本的作用进一步强化。同时，资本所有权与经营权日益分离，企业家从劳动大军中脱颖而出，成为一个新的群体。企业家的"工业知识"开始成为独立的生产要素。

第二次工业革命与第一次不同，它不是从无到有的完全创新，而是在第一次技术革命基础上的延伸和改革。

在第一次工业革命时期，许多发明成果都是能工巧匠的实践经验的结晶，如飞梭的发明者凯伊是机械师，水利纺纱机是木匠海斯发明的，珍妮纺纱机的发明者哈格里斯夫原是纺织工，同样也是纺织工的克伦普顿发明了骡机；就连第一次工业革命中最重要的技术成就蒸汽机，也是当过钟表匠和大学仪器修理工的瓦特发明的。这些技术发明都来源于工匠的实践经验，科学的工业知识和技术尚未真正结合。

而在第二次工业革命期间，自然科学的新发展，使得几乎所有的工业部门都受到科学知识的影响。科学知识开始同工业生产紧密地结合起来，由此产生的"工业知识"在推动生产力发展方面发挥更为重要的作用。即"工业知识"与"产业工人""机器设备"的结合使第二次工业革命取得了巨大的成果，也更新了决定经济社会发展的生产要素。

1.2.3 第三轮产业竞争

2008 年国际金融危机后，新一轮技术革命和产业变革步伐不断加快，全球经济版图、国家创新体系、产业竞争格局、企业生产组织方式正在发生深刻变革，抢占新一轮产业竞争制高点、寻求经济增长的新动力，正成为许多国家特别是发达国家的共同选择。

与此同时，信息技术蓬勃发展，数字革命开始兴起。特别是当前以云计算、移动物联网、人工智能为代表的新一轮科技革命席卷全球，信息技术与经济社会以前所未有的广度和深度交汇融合，人类社会正在被网络化连接、数据化描绘、融合化发展。在这一进程中，人们获取知识、应用知识的能力大大提高，信息和数据成为重要的基础性战略资源。知识及信息的主要载体由图书和大脑被数字介质取代，数字化驱动知识和信息总量爆发增长。知识和信息的充分挖掘和有效利用，推动了诸多领域重大而深刻的变革，极大改变了人们的生产、生活和消费模式，对经济发展产生越来越重要的作用。

同时，信息技术与制造、能源、材料、生物等技术加速交叉融合，智能控制、人机交互、分布式能源、智能材料、生物芯片、生物传感器等领域的交叉融合创新方兴未艾，孕育工业互联网、能源互联网、新材料等新产品和新业态，引发多领域的系统性、革命性、群体性技术突破。正是由于信息技术的蓬勃发展以及与传统工业融合创新，不断催生出新产品、新业态、新模式以及新的竞争格局，促使世界各国对快速、复杂、多变的产业经济转型方向、规律、特征、路径和模式的认识多元化，各国新的发展理念、公共政策和发展战略也应运而生。

新一代信息技术蓬勃发展是新一轮产业革命的技术基础和典型标志。信息技术作为新一轮产业革命中创新最活跃、交叉最密集、渗透性最广的领域，自身的体系架构、材料、装备、工艺创新步伐不断加快，也极大地激发了泛在获取、海量存储、高速互联、智能处理和数据挖掘等技术的创新活力和应用潜能。能实现"工人、机器、知识"万物互联的信息技术对经济发展的促进作用日益凸显，成为新一轮产业竞争的关键生产要素。

1.3 工业互联网平台成为新一轮
产业竞争制高点

当前，新一轮科技革命和产业变革正在孕育和兴起，全球工业互联网正加速发展，互联网平台正在从商业领域向制造业领域拓展，成为工业互联网战略布局的核心。作为工业互联网、工业4.0的倡导者和主导者，美国通用电气公司（简称 GE）和德国西门子公司（简称西门子）分别推出 Predix（2013 年推出）和 MindSphere（2016 年 4 月推出）工业互联网平台，抢占制造业竞争的制高点，全球领军企业围绕工业互联网平台的竞争愈演愈烈。

1.3.1 互联网对工业变革的推动作用

互联网在工业变革当中起到了新动力的作用。制造业作为转型升级、发展新业态的主攻方向和主战场，利用互联网作为强大的工具平台，突破地域、组织、技术的界限，推动制造业创新主体高效互动、产品快速迭代、模式深刻变革、用户深度参与，助推制造业从要素驱动向创新驱动转变。

互联网能够催生制造新模式，可充分发挥我国工业门类齐全、独立完整、规模庞大，以及我国互联网应用创新活跃、产业规模领先、人才资本聚集的优势。互联网在工业中的应用对企业发展理念、技术产业、生产体系、业务模式等方面改革具有重大的推进作用，能够催生网络化协同制造、个性化定制、服务型制造等制造新模式。互联网进一步向制造业环节渗透，正在彻底改变制造业。过去的制造业只是一个环节，"微笑曲线"最低点在制造环节，但随着互联网和工业的融合，它的含义已经发生巨大变化，它打破工业生产的全生命周期，从产品的设计、研发、生产制造、营销、服务构成了闭环，彻底改变工业的生产模式。

以互联网为代表的新一代信息通信技术将消除产业链、价值链之间的壁垒，构建智能制造大系统，进行更加网络化、智能化、系统化的统筹运营。为此，互联网将通过四方面的要素对工业变革产生作用。一是广泛互联互通的信息网络。通过智能传感器、工业网络、互联网平台搭建覆盖所有生产要素的互联网络，实现对生产物资、生产设备、工业信息系统、生产者之间以及产业链上下游、企业与市场之间的连接，使整个工业系统内具备信息流和决策流无障碍流通的条件。二是软件定义、网络化管理的智能生产机器。将大规模集成电路、嵌入式数控系统与生产机器相结合，并在更大范围内强化智能状态感知、智能交互和精确控制的性能，使机器实现环境自适应、任务自组织、功能自学习和错误自纠正能力。三是智能制造系统内信息汇集、计算与决策平台。通过工业物联网、云计算技术与工业生产的融合应用，将生产组织网络覆盖下的全部有效信息进行汇集和处理，实现对设计、制造和服务全过程的智能化统筹监控。四是基于更加全面的数据模型的工业大数据应用。通过对来自各方的数据信息进行模型化和高级分析，为跨设备、跨系统、跨企业的高级分析决策和控制提供手段。

在智能制造体系基本要素的作用下，工业变革中依托互联网，通过产业链、价值链上各单元、各环节间的重组与优化，将产生更多创新应用模式和理念驱动制造业转型升级。具体体现在四个方面。一是贯穿全层级全周期的信息数据链。通过打造贯穿从设计部门、智能机器、智能产品到决策平台之间的信息数据链，将工业系统各组成部分有机连接，并在虚拟现实中并行实施生产组织，从而实现对生产组织全过程的高效精准把控。二是生产组织服务化转型。在互联网思维与智能生产的系统框架中，按需生产、大规模个性化定制将成为常态。一方面，互联网平台将彻底打破企业与用户之间信息不对称的情况，市场个性化需求被企业实时掌握；另一方面，通过网络、软件与机器的高度协同，柔性自组织的大规模个性化生产线在部分行业中将成为标配。三是制造能力软件化转型。基于产品的设计、工艺、制造、维护等流程的知识经验将通过特征提取的方式，形成复杂系统模型并在工业软件中固化，同时企业的生产运营将更多地依靠基于工业大数据分析的软件化解决方案进行运营优化、能耗管理、故障预警等执行决策。四是网上能力聚集。在互联网的集聚和普惠效应下，研发能力、制造能力和市场资源不再是限制制造业发展的瓶颈，跨界、跨地区的企业之间将通过互联网平台形成能力聚集、优势互补、资源共享的智能生产大系统，在生产组织过程中相互联动共同提升企业核心竞争力。

1.3.2 工业互联网的战略意义

工业互联网是互联网和新一代信息技术与工业系统全方位深度融合所形成的产业和应用生态，是工业智能化发展的关键综合信息基础设施，正在成为新工业革命的关键支撑和深化"互联网+先进制造业"的重要基石。工业互联网通过系统构建网络、平台、安全三大功能体系，打造人、机、物全面互联的新型网络基础设施，形成智能化发展的新兴业态和应用模式，是推进制造强国和网络强国建设的重要基础。互联网与工业加速融合，工业互联网推动两化融合进入新阶段，如图1-1所示。工业互联网平台本质是以机器、原材料、控制系统、信息系统、产品以及人之间的网络互联为基础，通过对工业数据的全

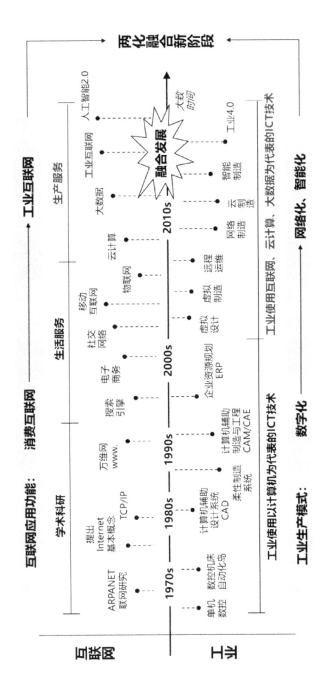

图 1-1　两化融合进入新阶段

面深度感知、实时动态传输与高级建模分析，形成智能决策与控制，驱动制造业的智能化发展。从发展路径看，工业互联网能够使两化融合进一步深入实施，促使两化融合走向下一步的新业态、新模式、新的制造体系的制高点。

从工业经济发展角度看，工业互联网为制造强国建设提供关键支撑。一是推动传统工业转型升级，通过跨设备、跨系统、跨产区、跨地区的全面互联互通，实现各种生产和服务资源在更大范围、以更高效率、更加精准的优化配置，推动制造业供给侧结构性改革，大幅提升工业经济的发展质量和效益。二是加快新兴产业的培育壮大。工业互联网促进设计、生产、管理、服务等环节，由单点的数字化向全面的集成演进，加速创新方式、生产模式、组织形式和商业方式的深刻变革，催生智能化生产、网络化协同、服务化延伸、个性化定制的诸多新模式、新业态、新产业。

从网络设施发展角度看，工业互联网是网络强国建设的重要内容。一是工业互联网能够加速网络演进升级，促进人与人相互连接的公众互联网、物与物相互连接的物联网向人、机、物全面互联拓展，大幅提升网络设施的支撑服务能力。二是工业互联网能够拓展网络经济空间，其具有较强的渗透性，可以与交通、物流、能源、医疗、农业等实体经济各个领域深度融合，实现产业上下游跨领域的广泛互联互通，推动网络应用从虚拟到实体、从生活到生产的科学跨越，极大拓展了网络经济的发展空间。

工业互联网是我国打造制造强国和网络强国的关键结合点。工业互联网平台一头连着制造，一头连着互联网，是制造强国、网络强国统筹推进的重要抓手，是深化制造业与互联网融合发展的连接点。我国是制造大国，拥有最全的制造业门类，数字化、网络化、智能化是企业发展方向，同时我国也是互联网大国，用户规模、应用创新、生态构建方面积淀了大量的技术经验。发展工业互联网，可充分发挥我国制造业门类齐全、独立完整、规模庞大以及互联网应用创新活跃、产业规模领先、人才资本聚集的叠加优势，集聚共享与开放创新优势，为"互联网+"行动、深化制造业与互联网融合发展提供实现路径。有利于重构生产体系、引领组织变革、优化资源配置，有利于培育新技术、新产品、新业态、新模式，有利于打造新型制造体系，加快形成经济增长新动能以及精准、高效的供给体系。

1.3.3　平台在工业互联网体系中的核心定位

工业互联网平台是工业互联网的核心，是连接设备、软件、工厂、产品、人等工业全要素的枢纽，是海量工业数据采集、汇聚、分析和服务的载体，是支撑工业资源泛在连接、弹性供给、高效配置的中枢，发挥着类似谷歌 Android、苹果 iOS、微软 Windows 的关键作用，是实现网络化制造的核心依托。从"云""网""端"的角度来看，工业互联网平台以"云"为核心，通过"网"的泛在连接，实现对海量终"端"、资源、数据和主体的汇聚集成与优化配置。

当前，全球工业互联网正加速深化发展，工业互联网平台作为工业互联网实施落地与生态构建的关键载体，正成为全球主要国家和产业界布局的关键方向。2017 年，国务院常务会审议通过《深化"互联网+先进制造业"发展工业互联网的指导意见》，提出"要支持有能力的企业发展大型工业云平台，推动实体经济转型升级，打造制造强国、网络强国"，将加快工业互联网平台培育作为首要任务，将平台作为

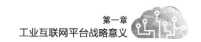

工业互联网建设的核心内容。

工业互联网平台对于打造新型工业，促进"互联网+先进制造业"融合发展具有重要作用。主要体现在以下几方面：一是能够发挥互联网平台的集聚效应。工业互联网平台承载了数以亿计的设备、系统、工艺参数、软件工具、企业业务需求和制造能力，是工业资源汇聚共享的载体，是网络化协同优化的关键，催生了制造业众包众创、协同制造、智能服务等一系列互联网新模式、新业态。二是能够承担工业操作系统的关键角色。工业互联网平台向下连接海量设备，自身承载工业经验与知识模型，向上对接工业优化应用，是工业全要素链接的枢纽，是工业资源配置的核心，驱动着先进制造体系的智能运转。三是能够释放云计算平台的巨大能量。工业互联网平台凭借先进的云计算架构和高性能的云计算基础设施，能够实现对海量异构数据的集成、存储与计算，解决工业数据处理爆炸式增长与现有工业系统计算能力不相匹配的问题，加快以数据为驱动的网络化、智能化进程。

工业互联网平台发展正步入规模化扩张的战略窗口期。构建基于工业互联网平台的制造业生态，是跨国巨头巩固其在制造业领域综合垄断地位的共识，也是各国打造产业竞争新优势、抢占未来发展先机的关键途径。自 2008 年国际金融危机以来，美国通用电气、德国西门子等跨国巨头围绕制造业数字化、网络化、智能化持续推进自身的战略转型，通过一系列兼并重组、业务转型、模式创新，在不断提高装备智能化水平、加快软件云化迁移步伐、打造开源社区生态的基础上，分别推出 Predix、MindSphere 平台。目前这些平台已完成测试验证，均将未来 2～3 年视为规模化扩张的关键时期。我国工业互联网平台发展的机遇稍纵即逝，为避免重蹈 PC、移动互联网平台被跨国

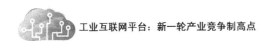
公司垄断的覆辙，亟待加快构建中国工业互联网平台。

工业互联网平台是支撑我国两化深度融合的综合技术体系。习近平总书记强调，"要着力推动互联网与实体经济深度融合发展，以信息流带动技术流、资金流、人才流、物资流，促进资源配置优化，促进全要素生产率提升"。习总书记这句话深刻阐释了工业互联网平台与两化深度融合的关系，首先，资源优化是目标，两化深度融合的根本目的是促进制造资源配置效率的优化，提高制造业全要素生产率。其次，信息流动是关键，信息流如何优化制造资源配置效率，关键是要把正确的信息在正确的时间传递给正确的人和机器，通过数据的自动流动解决制造过程的复杂性和不确定性。最后，工业互联网平台是载体，数据如何实现自动流动，这需要工业互联网平台来支撑，需要隐性数据的显性化、隐性知识的显性化，需要数据的全面感知、在线汇聚和智能分析，这正是工业互联网平台的核心功能。

工业互联网平台是新一轮产业竞争的制高点，正成为抢占全球制造业主导权的必争之地。平台是全球互联网发展与竞争的核心，谷歌、苹果等跨国巨头凭借强大的消费互联网平台掌控力，主导了全球互联网应用与产业生态发展。当前，伴随着新一代信息通信技术和制造业的融合发展，以平台为核心的产业竞争正从消费领域向制造领域拓展，领军企业围绕"智能机器+云平台+应用 App"功能架构，整合"平台提供商+应用开发者+用户"生态资源，抢占工业大数据入口主导权、培育海量开发者、提升用户黏性，构建基于工业云的制造业生态，不断巩固和强化制造业垄断地位。打造符合中国特色的工业互联网平台时间紧迫、任务艰巨、使命伟大。

第二章

工业互联网平台内涵及趋势

2.1 工业互联网平台发展背景

2.1.1 制造业变革与数字经济发展实现历史性交汇

2008 年国际金融危机发生之后，全球新一轮产业变革蓬勃兴起，制造业重新成为全球经济发展的焦点。世界主要发达国家采取了一系列重大举措推动制造业转型升级，德国依托雄厚的自动化基础，推进工业 4.0。美国在实施先进制造战略的同时，大力发展工业互联网。法国、日本、韩国、瑞典等国也纷纷推出制造业振兴计划。各国新型制造战略的核心都是通过构建新型生产方式与发展模式，推动传统制造业转型升级，重塑制造强国新优势。与此同时，数字经济浪潮席卷全球，驱动传统产业加速变革。特别是以互联网为代表的信息通信技术的发展极大地改变了人们的生活方式，构筑了新的产业体系，并通过技术和模式创新不断渗透影响实体经济领域，为传统产业变革带来巨大机遇。伴随制造业变革与数字经济浪潮交汇融合，云计算、物联网、大数据等信息技术与制造技术、工业知识的集成创新不断加剧，工业互联网平台应运而生。

2.1.2　制造业智能化对平台工具提出新需求

当前制造业正处在由数字化、网络化向智能化发展的重要阶段，其核心是基于海量工业数据的全面感知，通过端到端的数据深度集成与建模分析，实现智能化的决策与控制指令，形成智能化生产、网络化协同、个性化定制、服务化延伸等新型制造模式。在这一背景下，传统数字化工具已经无法满足需求。

（1）工业数据的爆发式增长需要新的数据管理工具。随着工业系统由物理空间向信息空间、从可见世界向不可见世界延伸，工业数据采集范围不断扩大，数据的类型和规模都呈指数级增长，需要一个全新数据管理工具，实现海量数据低成本、高可靠的存储和管理。

（2）企业智能化决策需要新的应用创新载体。数据的丰富为制造企业开展更加精细化和精准化管理创造了前提，但工业场景高度复杂，行业知识千差万别，传统的由少数大型企业驱动的应用创新模式难以满足不同企业的差异化需求，迫切需要一个开放的应用创新载体，通过工业数据、工业知识与平台功能的开放调用，降低应用创新门槛，实现智能化应用的爆发式增长。

（3）新型制造模式需要新的业务交互手段。为快速响应市场变化，制造企业之间在设计、生产等领域的并行组织与资源协同日益频繁，要求企业的设计、生产和管理系统都要更好地支持与其他企业的业务交互，这就需要一个新的交互工具来实现不同主体、不同系统间的高效集成。海量数据管理、工业应用创新与深度业务协同，是工业互联网平台快速发展的主要驱动力量。

2.1.3　信息技术加速渗透并深刻影响制造业发展模式

新型信息技术重塑制造业数字化基础。云计算为制造企业带来更灵活、更经济、更可靠的数据存储和软件运行环境，物联网帮助制造企业有效收集设备、生产线和生产现场成千上万种不同类型的数据，人工智能强化了制造企业的数据洞察能力，实现智能化的管理和控制，这些都是推动制造企业数字化转型的新基础。

开放互联网理念变革传统制造模式。通过网络化平台组织生产经营活动，制造企业能够实现资源快速整合利用，低成本快速响应市场需求，催生个性化定制、网络化协同等新模式、新业态。

平台经济不断创新商业模式。信息技术与制造技术的融合带动信息经济、知识经济、分享经济等新经济模式加速向工业领域渗透，培育增长新动能。互联网技术、理念和商业模式成为构建工业互联网平台的重要方式。

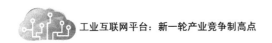
2.2　工业互联网平台体系架构

　　工业互联网平台是面向制造业数字化、网络化、智能化需求，构建基于海量数据采集、汇聚、分析的服务体系，支撑制造资源泛在连接、弹性供给、高效配置的工业云平台，包括边缘、平台（工业 PaaS）、应用三大核心层级，如图 2-1 所示。可以认为，工业互联网平台是工业云平台的延伸发展，其本质是在传统云平台的基础上叠加物联网、大数据、人工智能等新兴技术，构建更精准、实时、高效的数据采集体系，建设包括存储、集成、访问、分析、管理功能的使能平台，实现工业技术、经验、知识的模型化、软件化、复用化，以工业 App 的形式成为制造企业的各类创新应用，最终形成资源富集、多方参与、合作共赢、协同演进的制造业生态。

　　第一层是边缘，通过大范围、深层次的数据采集，以及异构数据的协议转换与边缘处理，构建工业互联网平台的数据基础。一是通过各类通信手段接入不同设备、系统和产品，采集海量数据；二是依托协议转换技术实现多源异构数据的归一化和边缘集成；三是利用边缘计算设备实现底层数据的汇聚处理，并实现数据向云端平台的集成。

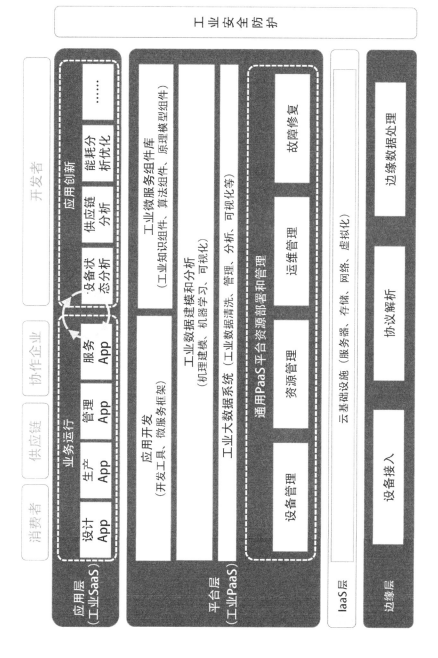

图 2-1　工业互联网平台功能架构

第二层是平台，基于通用 PaaS 叠加大数据处理、工业数据分析、工业微服务等创新功能，构建可扩展的开放式云操作系统。一是提供工业数据管理能力，将数据科学与工业机理结合，帮助制造企业构建工业数据分析能力，实现数据价值挖掘；二是把技术、知识、经验等资源固化为可移植、可复用的工业微服务组件库，供开发者调用；三是构建应用开发环境，借助微服务组件和工业应用开发工具，帮助用户快速构建定制化的工业 App。

第三层是应用，形成满足不同行业、不同场景的工业 SaaS 和工业 App，形成工业互联网平台的最终价值。一是提供了设计、生产、管理、服务等一系列创新性业务应用。二是构建了良好的工业 App 创新环境，使开发者基于平台数据及微服务功能实现应用创新。

除此之外，工业互联网平台还包括 IaaS 基础设施，以及涵盖整个工业系统的安全管理体系，这些构成了工业互联网平台的基础支撑和重要保障。

泛在连接、云化服务、知识积累、应用创新是辨识工业互联网平台的四大特征。泛在连接具备对设备、软件、人员等各类生产要素数据的全面采集能力。云化服务实现基于云计算架构的海量数据存储、管理和计算。知识积累能够提供基于工业知识机理的数据分析能力，并实现知识的固化、积累和复用。应用创新能够调用平台功能及资源，提供开放的工业 App 开发环境，实现工业 App 创新应用。

2.3 工业互联网平台核心作用

工业互联网平台通过构建精准、实时、高效的数据采集互联体系，建立面向工业大数据存储、集成、访问、分析、管理的开发环境，支撑工业技术、经验、知识的模型化、软件化、复用化，不断优化研发设计、生产制造、运营管理等资源配置效率，形成资源富集、多方参与、合作共赢、协同演进的制造业生态。从工业互联网平台的关键作用来看，主要体现在三方面。

（1）工业互联网平台是传统工业云平台的迭代升级。从工业云平台到工业互联网平台演进包括成本驱动导向、集成应用导向、能力交易导向、创新引领导向、生态构建导向5个阶段。工业互联网平台在传统工业云平台的软件工具共享、业务系统集成基础上，叠加了制造能力开放、知识经验复用与第三方开发者集聚的功能，通过提高工业知识复用水平构筑工业知识创造、传播和应用新体系，大幅提升工业知识生产、传播、利用效率，形成海量开放 App 应用与工业用户之间相互促进、双向迭代的生态体系。

（2）工业互联网平台是新工业体系的"操作系统"。工业互联网的兴起与发展将打破原有既封闭、隔离又固化的工业系统，扁平、灵活而高效的组织架构将成为新工业体系的基本形态。工业互联网平台依托高效的设备集成模块将工业现场设备接入平台边缘层，完成数据的格式转换、统一以及数据的远程接入，实现设备向云端平台的间接集成；依托强大的数据处理引擎对工业互联网数据进行清洗、集成，并对海量工业数据的分区选择、存储、编目与索引，从而为上层应用分析提供高质量数据来源；依托开放的开发环境工具，为用户提供面向工业特定场景的轻量化应用；依托组件化的工业知识微服务，将工业技术、知识、经验、模型等工业原理封装成微服务功能模块，供工业 App 开发者调用。基于此，工业互联网平台向下实现对接海量工业装备、仪器、产品，向上支撑工业智能化应用的快速开发与部署，发挥着类似微软 Windows、谷歌 Android 系统和苹果 iOS 系统的重要作用，支撑构建了基于软件定义的高度灵活与智能的新工业体系。

（3）工业互联网平台是资源集聚共享的有效载体。工业互联网平台将信息流、资金流、人才创意、制造工具和制造能力在云端汇聚完成信息交互、数据集成，释放数据价值；将工业企业、信息通信企业、互联网企业、第三方开发者等主体在云端集聚，实现产业之间的融合与产业生态的协同发展；将数据科学、工业科学、管理科学、信息科学、计算机科学在云端融合，实现工业全领域、全产业链、全价值链的融合集成应用，推动资源、主体、知识集聚共享，形成社会化的协同生产方式和组织模式。

此外，工业互联网平台还在制造企业转型中发挥核心支撑作用，已成为企业智能化转型重要抓手。一是帮助企业实现智能化生产和管理。通过对生产现场"人、机、料、法、环"各类数据的全面采集和深度分析，能够发现导致生产瓶颈与产品缺陷的深层次原因，不断提高生产效率及产品质量。基于现场数据与企业计划资源、运营管理等数据的综合分析，能够实现更精准的供应链管理和财务管理，降低企业运营成本。二是帮助企业实现生产方式和商业模式创新。企业通过平台可以实现对产品售后使用环节的数据打通，提供设备健康管理、产品增值服务等新型业务模式，实现从卖产品到卖服务的转变，实现价值提升。基于平台还可以与用户进行更加充分的交互，了解用户个性化需求，并有效组织生产资源，依靠个性化产品实现更高利润水平。不同企业还可以基于平台开展信息交互，实现跨企业、跨区域、跨行业的资源和能力集聚，打造更高效的协同设计、协同制造，协同服务体系。

未来，工业互联网平台可能催生新的产业体系。如同移动互联网平台创造了应用开发、应用分发、线上线下等一系列新的产业环节和价值，当前工业互联网平台在应用创新、产融结合等方面已显现出类似端倪，有望发展成为一个全新的产业体系，促进形成大众创业、万众创新的多层次发展环境，真正实现"互联网+先进制造业"。

2.4 工业互联网平台整体趋势

2.4.1 工业互联网平台展现驱动工业数字化转型的巨大潜力

当前，工业互联网平台正在驱动工业全要素、全产业链、全价值链实现深度互联，推动生产和服务资源优化配置，促进制造体系和服务体系重构，在现阶段的工业数字化转型过程中开始发挥核心支撑作用。

从宏观看，平台模式、平台经济正在持续变革和颠覆传统工业形态，主要表现在以下 3 个方面。

（1）颠覆了传统工业软件研发体系。GE、PTC、西门子、华为等平台企业纷纷打造云端开发环境，构建开发者社区，引入低代码开发技术，吸引大量专业技术服务商和第三方开发者基于平台进行工业App 创新。以往需要大量投入、研发周期长达数年的工业软件研发方式正在向低成本、低门槛的平台应用创新生态方式转变，不但研发周期能够缩短数十倍，而且也能够灵活地满足工业用户个性化定制需求。

（2）变革了传统工业企业竞争方式。企业竞争不再是单靠技术产品就能取胜，而是开始成为依托平台的数字化生态系统之间的竞争。例如，以往单纯销售工程机械产品的企业，现在通过平台与供销商、客户、技术服务商等建立数字化的合作关系，快速感知用户需求和设备状态，及时与供销商合作调整供货、生产计划，联合技术服务商为用户提供整体施工方案，甚至联合金融机构帮助客户进行产品投保，从而形成整体性的竞争优势。

（3）重新定义了工业生产关系与组织方式。平台打破了产业、企业之间的边界，促进制造能力、技术、资金、人才的共享流动，实现生产方式和管理方式的解构与重构。例如，已经有企业利用平台连接各类企业，按照订单需求的不同，灵活地在平台中组织形成"虚拟工厂"，并将订单按照"虚拟工厂"内部各个主体的实际能力进行分配和管理，实现制造技术与生产能力的共享协同。

从微观看，平台正在改变企业的设计、生产、管理和服务方式，重新定义和优化整个价值流程。

（1）平台驱动产品创新，通过多渠道深度交互精准洞察用户需求，并借助数字化的先进设计工具和网络化的创新资源组织打造智能新产品。例如，海尔、红领、奥迪等家电、服装及汽车领域企业利用平台对客户的个性化需求进行更深入的洞察，用大数据分析来进行市场预测以指导销售，并通过基于平台的众包、众创加速产品创新。

（2）平台驱动生产与运营创新，借助先进的数字化技术和强大的工业数据分析能力，支撑企业实现先进制造、生产与运营管理优化、供应链协同和智能化决策。例如，卡特彼勒、富士康等制造企业将机器人、数控机床等生产设备数据接入平台进行监控和分析，改进提升生产过程的效率和质量；而英国石油公司、石化盈科信息技术有限公司（简称石化盈科）、上海宝信软件股份有限公司（简称宝信软件）等石化钢铁企业则利用平台优化工艺参数、降低生产能耗，并进行原材料供应的协同。

（3）平台驱动商业模式变革，推动金融、物流、农业等领域与制造业融合创新，促进原有产品体系和服务方式演进转变。例如，PTC、SAP、用友、金蝶等国内外工业软件企业都在产品云化的基础上加快推动订阅服务，既降低客户成本又实现了持续服务营收；还有树根互联技术有限公司（简称树根互联）、天正集团有限公司等装备及自动化企业则通过采集分析设备运行数据，联合金融公司推出各类融资、保险商业服务。

（4）平台驱动组织管理体系重塑，推动企业从顶层决策到底层生产的端到端集成，促进资源配置优化，实现扁平化管理及社会化协同。例如，航天科工、华能、大唐电力等一些大型集团企业一方面利用平台实时监控分布在各地的子工厂的运行状态，及时进行调度管理；另一方面也通过平台汇聚产业链上下游企业的信息，推动企业间的供需对接和制造协同。

未来，以工业互联网平台为载体，以 C2M（顾客对工厂）为核心的社会化制造模式也将逐渐孕育形成。领先的工业互联网平台企业将有能力通过平台对客户需求进行深度感知与交互，从而为产品定义与研发设计提供精准的指导；在产品设计与制造过程中，企业将借助平台整合各类设计与制造资源，有效组织并管理研发设计与生产制造过程，既保证产品设计的创新性与方案最优化，同时也寻找最适合的制造业企业进行生产，在确保产品质量与交付周期的前提下使生产成本达到最低；在产品交付后，平台将持续提供产品的运维服务与增值服务，不断为企业创造新的价值。在这一过程中，平台还将充分发挥集中采购、统一物流、金融服务等综合服务能力，进一步下降交付成本与提升运营效率，并提升客户购买能力与企业资金周转效率。这将真正实现工业全要素、全产业链、全价值链的深度互联集成，实现制造资源的更高效配置利用，形成新的制造与服务体系。

2.4.2　全球工业互联网平台市场保持活跃创新态势

全球工业互联网平台市场持续呈现高速增长态势。根据研究机构 MarketsandMarkets 的统计数据，2017 年全球工业互联网平台市场规模为 25.7 亿美元，预计 2023 年将增长至 138.2 亿美元，预期年均增长率达到 33.4%。美国、欧洲和亚太是当前工业互联网平台发展的焦点国家和地区。随着 GE、微软、亚马逊、PTC、罗克韦尔、思科、艾默生、霍尼韦尔等诸多巨头企业积极布局工业互联网平台，以及各类初创企业持续带动前沿平台技术创新，美国当前平台发展具有显著的集团优势，并预计在一段时间内保持其市场主导地位。而紧随其后的是西门子、ABB、博世、施耐德、SAP 等欧洲工业巨头，它们立足自身制造业基础的领先优势，持续加大工业互联网平台研发的投入力度，使得欧洲工业互联网平台领域进展迅速，成为美国之外主要的竞争力量。中国、印度等新兴经济体的工业化需求持续促进亚太地区工业互联网平台的发展，亚洲市场增速最快且未来有望成为最大市场。尤其值得一提的是，以日立、东芝、三菱、NEC、发那科等为代表的日本企业也一直低调务实地开展工业互联网平台研发与应用探索并取得显著成效，日本也成为近期工业互联网平台发展的又一个亮点。

各类企业围绕工业互联网平台的参与热情和布局力度保持高涨势头。

（1）更多工业企业投入工业互联网平台领域，在不同领域涌现出一批新的平台产品，例如，在自动化与装备制造领域，KUKA Connect 平台、安川 MMCloud 平台、霍尼韦尔 Sentience 平台等崭露头角，成为各家企业围绕产品提供增值服务的良好载体；在生产制造领域，日立、东芝则分别构建了 Lumada 平台和 SPINEX 平台，在优化自身价值链和降低运营成本的同时，还能够为客户提供创造价值的新服务。

（2）ICT 企业不断强化自身平台对工业场景的适配能力，以微软、亚马逊为代表的 IT 企业巨头在平台中提供各类大数据、人工智能方面的通用算法框架和工具，联合工业企业客户进行研发，形成可视化管理、质量分析优化、预测性维护等工业解决方案；而类似思科这样的通信企业巨头也开始将平台连接和服务能力向工厂内渗透，从各种工业以太网和现场总线中获取实时生产数据，支撑并形成工业智能应用。

（3）以数据为核心的初创企业表现更加活跃，除了 Uptake、C3 IoT，还有 QiO、Mnubo、Particle 等越来越多的初创企业将工业大数据、人工智能技术与平台进行深度结合，满足工业领域日益深入的数据分析需求；此外，Sieraa Wiless、Telit、Device Insight 等 M2M（Machine to Machine）通信领域的初创企业也充分发挥在数据连接方面的技术优势，帮助工业企业实现资产的远程连接和在线管理。

2.4.3　我国工业互联网平台呈现蓬勃发展的良好局面

过去一年多来，我国工业互联网平台发展取得显著进展，平台应用水平得到明显提升，多层次系统化平台体系初步形成。

1. 涌现出更多知名工业互联网平台产品

全国各类型平台企业达到数百家，具有一定区域、行业影响力的平台企业也超过 50 多家。既有传统的工业技术解决方案企业转型发展，构建工业互联网平台，如航天云网、海尔、树根互联、宝信、石化盈科、用友、索为、阿里、华为、浪潮、紫光、东方国信、寄云等起步较早的平台企业，还有华能、国网青海电力、北汽、浙江中控、朗坤、中科院沈阳自动化研究所等行业领先企业也纷纷推出平台产品，将工业技术能力和先进制造经验转化成高效、灵活且低成本的平台服务。也有大型制造业企业孵化独立运营公司专注于平台运营，例如，徐工、TCL、中联重科、富士康等大型集团企业剥离和整合内部相关资源，注资成立聚焦工业互联网平台业务的独立运营的子公司，在服务好本集团的基础上对外输出成果。还有各类创新企业依托自身特色打造平台，例如，索为、安世亚太等软件服务企业凭借自身技术优势推出关于设计仿真研发的平台；华龙迅达、明匠智能等系统集成企业凭借专业知识与经验积累构建行业服务平台；而优也、昆仑数据、黑湖科技等互联网技术企业则依托平台为用户提供智能数据分析或云端管理软件服务。

2. 形成一批创新解决方案和应用模式

围绕行业生产特点和企业痛点问题，平台企业持续创新服务能力，开发形成了一批具有亮点的创新解决方案和应用模式。在研发设计方面，涌现出索为公司的研发设计与产品运维一体化解决方案、安世亚太公司的基于工业知识生态的先进设计以及华为公司的"沃土"云仿真设计等平台服务。在生产制造方面，形成了富士康ICT（集成电路测试类）治具的智能维护、航天云网精密电器智能化生产、紫光钣金行业企业云图等一批平台解决方案。在企业管理方面，用友、金蝶、天智智能、黑湖科技等平台利用云ERP、云MES、云CRM等服务解决企业的生产运营管理、供应链协同与客户管理问题。在产品服务方面，树根互联、徐工信息将工程机械远程管理解决方案进行推广，实现纺织机械、工业机器人、数控机床等设备产品的远程服务。在应用模式创新上，树根互联、智能云科、天正、生意帮等企业也探索出了"平台+保险""平台+金融""平台+订单"等新模式、新业态。

2.4.4　工业互联网平台仍然处于发展初期

相比于传统的工业运营技术和信息化技术，工业互联网平台的复杂程度更高，部署和运营难度更大，其建设过程需要持续的技术、资金、人力投入，在商业应用和产业推广中也面临着基础薄弱、场景复杂、成效缓慢等众多挑战。工业互联网平台将是一项长期、艰巨、复杂的系统工程，当前仍然处于发展初期。

在技术领域，平台技术研发投入成本较高，现有技术水平尚不足以满足全部工业应用需求。一是平台连接能力面临挑战。工业设备种类繁杂、数量多、通信协议与数据格式各异，当前尚缺乏能够降低成本且便捷地实现工业设备快速接入平台的有效的技术手段，导致绝大部分平台的设备接入数量有限。Gartner 曾预测，2020 年全球可联网设备数量将达到 260 亿台，目前平台的设备接入水平还与此数据有很大差距。二是平台数据分析能力面临挑战。根据对国内外 366 个平台应用案例的统计分析，可以看出，有 40%的平台应用集中在以产品或设备数据预测性分析为主的资产运维优化领域。而在涉及数据范围更广、分析复杂度更高的经营管理优化和资源匹配协同等场景中，多数平台现有的数据分析能力还无法满足应用要求，还需要进一步推动数据分析技术创新以及实现长期的工业知识积累。三是平台提供专业工业服务的能力相对较弱。目前大部分平台对于工业知识、模型和历史数据的沉淀远远不够，面向特定行业或工业场景提供服务时，要么难以满足制造企业的业务需要，要么需要进行大量定制化开发，导致服务成本和周期大幅增加。

在商业领域，平台市场还没有出现绝对的领导者，大多数企业仍然处于寻找市场机会的阶段。一是平台回报周期较长，很多企业尚处于投入阶段。GE、PTC、罗克韦尔、西门子、ABB 等国外工业巨头在平台领域的投入水平普遍达到了数十亿美元，我国航天云网、海尔、树根互联、徐工信息、东方国信等领军平台企业的平均累计投入也有数亿元乃至十多亿元，但目前平台直接带来的收益在企业整体利润中的占比并不高。而国内外绝大多数初创平台企业的财务状况都还处于亏损状态，融资规模则普遍在亿元水平，企业估值相对较低。二是平台商业模式不够成熟，企业赢利手段较为单一。当前，面向特定工业场景提供智能解决方案的平台企业基本以专业服务的方式为客户交付产品和服务，而具有 IT 和工业软件背景的平台企业主要基于云提供按需订阅服务而实现赢利，广告竞价、应用分成等消费互联网领域较为常见的商业模式在工业互联网平台领域较少应用。

在产业领域，优势互补、协同合作的平台产业生态也还须持续构建。一方面，大部分平台企业在发展中仍以单打独斗为主，特别是在平台建设中，部分平台企业尝试自主构建端到端完整的平台架构，在自身不擅长的领域投入不必要的资金和人力，增加了经营风险。在平台应用实施中，部分平台企业进入不熟悉的业务或技术领域时，未能很好地整合外部力量，从而影响了项目的实施效果。另一方面，基于

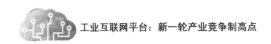

平台的产业创新生态构建仍然"前路漫漫"。微软、PTC、西门子、Software AG 等领先平台企业不断完善开发者社区的建设并提供全面的技术资源和应用推广支撑，广泛联合各类生态合作伙伴。而我国平台企业的生态合作伙伴类型和数量都还明显不足，大部分平台尚没有构建开发者社区；即使已构建开发者社区的，入驻平台的开发者数量也普遍在千人左右，远远落后于国外数万人的水平。

总体而言，上述各方面所面临的挑战充分说明，当前工业互联网平台仍然处于发展初期，还存在众多不确定性因素，预计还需要很长时间才能真正达到成熟发展阶段。

第三章

工业互联网平台技术体系

3.1 工业互联网平台核心技术

工业互联网平台需要解决多类工业设备接入、多源工业数据集成、海量数据管理与处理、工业数据建模分析、工业应用创新与集成、工业知识积累迭代实现等一系列问题,涉及七大类关键核心技术的交织融合,具体包括数据集成和边缘处理技术、IaaS 技术、平台使能技术、数据管理技术、应用开发和微服务技术、工业数据建模与分析技术、安全技术,如图 3-1 所示。

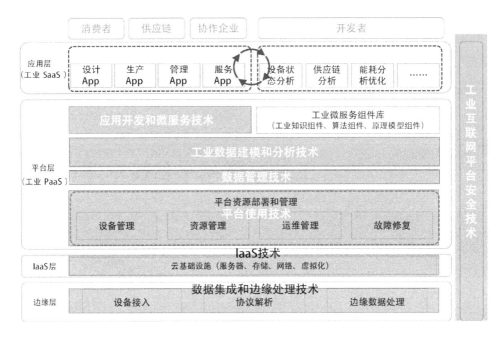

图 3-1　工业互联网平台关键技术体系

3.1.1　数据集成与边缘处理技术

工业领域信息化应用中所产生的数据是工业互联网的核心。工业软硬件系统本身具有较强的封闭性和复杂性，不同系统的数据格式、接口协议都不相同，甚至同一台设备同一型号的不同时间出厂的产品所包含的字段数量与名称也会有所差异，因而，无论是采集系统对数据进行解析，还是后台数据存储系统对数据进行结构化分解都会存在巨大的挑战。由于协议的封闭性，甚至无法完成从设备采集数据。即使在数据可以采集的情况下，在一个工业大数据项目实施过程中，通常也至少需要数月的时间对数据格式与字段进行梳理。挑战性更大的是多样性的非结构化数据，由于工业软件的封闭性，数据通常通过特定软件才能打开，从中提取更多有意义的结构化信息工作也很难完成。这类挑战需要通过工业标准化的推进与数据模型自动识别、匹配等大数据管理技术的进步来共同解决。因此，数据集成与边缘处理技术是工业互联网平台的基础，是实现制造全生命周期异构数据在云端汇聚的关键，主要涉及设备接入、协议转换和边缘数据处理等技术。

设备接入技术基于工业以太网、工业总线等工业通信协议，以及以太网、光纤等通用协议，3G/4G、NB-IoT 等无线协议将工业现场设备接入平台边缘层，通过集成数据模型自动识别、匹配等大数据管理技术，支持结构化业务数据、时序设备监测数据、非结构化工程数据等多源异构数据的快速接入，形成高并发、高吞吐量的数据实时接收能力，从而实现对工业生产各环节数据的采集。数据源既包含来自传感器、SCADA（数据采集与监视控制系统）、MES（制造执行系统）、ERP（企业资源计划）等内部系统的数据，也包含来自企业外部的数据，设备接入技术主要包含对象感知、实时采集与批量采集、数据核查、数据路由等功能。

协议转换技术用于重点解决工业数据的集成、聚集与表示问题，主要关注数据源的"完整性"，克服"信息孤岛"。工业数据源通常是离散的和非同步的。协议转换技术一方面运用协议解析、中间件等技术兼容 ModBus、OPC、CAN、Profibus 等各类工业通信协议和软件通信接口，实现数据格式的转换和统一；另一方面利用 HTTP、MQTT 等方式从边缘侧把采集到的数据传输到云端，实现数据的远程接入。对于飞机、船舶等具有复杂结构的工业产品，基于 BOM（物料清单）进行全生命周期数据集成是被工业信息化实践所证明的行之有效的方法。对于化工、原材料等流程工业产品，则一般基于业务过程进行

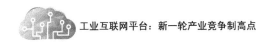

数据集成。

边缘数据处理技术基于高性能计算芯片、实时操作系统、边缘分析算法等技术，利用以智能网关为代表的新型边缘计算设备，在靠近设备或数据源头的网络边缘侧进行数据预处理、存储以及智能分析应用，提取海量数据中的关键特征，将处理过的数据传输到云端，实现智能传感器和设备数据的汇聚处理，以及边缘分析结果向云端平台的间接集成。该技术能够极大地降低对网络带宽的要求，提升操作响应灵敏度、消除网络堵塞，并与云端分析形成协同。多类型的边缘连接手段为工业互联网平台实现泛在连接提供了坚实支撑，丰富了工业互联网平台可采集与分析的数据来源。

3.1.2　IaaS 技术

IaaS 技术主要是为实现工业互联网平台基础资源能力，通过公有云、私有云、混合云多种云架构，为工业互联网平台用户提供分布式存储和计算能力，实现各类资源的云端集成。IaaS 技术主要基于"资源池"管理技术、分布式任务和数据管理、并行计算、负载调度等技术，实现网络、计算、存储等计算机资源的池化管理，根据需求进行弹性分配，并确保资源使用的安全与隔离，为用户提供完善的云基础设施服务。IaaS 为工业企业 IT 建设提供了更加高效、低成本、可扩展的方式，通过 IaaS 可以在不对现有企业 IT 架构进行较大改变的情况下，实现系统到云端的平滑迁移。一些大企业可以自建私有云平台，或者采用混合云模式充分利用公共云的能力，而中小企业则更多利用公共云服务，提升其信息技术（IT）应用能力。

　　"资源池"管理技术主要用于实现对物理资源、虚拟资源的统一管理，并根据用户需求实现虚拟资源（虚拟机、虚拟存储空间等）的自动化生成、分配、回收和迁移，以支持用户对资源的弹性需求。IaaS的"资源池"管理技术与传统 IT 管理软件的主要区别在于它实现了虚拟资源的"热迁移"，即在物理主机发生故障或需要进行维护操作时，把运行在物理主机上的虚拟机迁移至其他物理主机，同时保证用户业务不被中断。"热迁移"的重要前提是物理服务器使用共享存储器，并且虚拟机的迁移与网络配置的迁移同时进行。目前威睿、思杰、微软的虚拟化解决方案均支持热迁移功能，但不同虚拟机格式之间的热迁移还难以实现，这也导致了在搭建云计算系统时对虚拟化软件提供商的选择受到限制。一些国际标准组织正在对此进行努力，如DMTF 定义了开放虚拟机格式（Open Virtualization Format，OVF），但目前威睿等公司的产品对 OVF 的支持也只是实现了对虚拟机镜像的导出和导入，并且需要在虚拟机处于关机状态时进行，尚无法实现不同格式虚拟机之间的热迁移。

　　工业互联网对分布式任务和数据管理的需求主要来源于业界对"大数据"的处理需求。分布式任务管理技术要实现在底层大规模 ICT资源上进行分布式的海量计算，并对大量结构化与非结构化的数据进行存储与管理。目前的分布式任务管理技术主要包括分布式计算、分布式文件系统和非结构化分布式数据库技术等。IaaS 中的分布式计算技术是对网格、集群计算技术的继承与发展，谷歌的 MapReduce 是这一技术的典型代表，其基本思想是将一个大规模的处理任务分解为同质化的较小的处理任务，并分散在不同的计算节点中完成，之后对结果进行汇总，得到最终的处理结果。分布式文件系统以谷歌开发的GFS 为典型代表，其基本思想是将数据分为同样大小（在 GFS 中为

64M）的文件块，分散地存储在不同的服务器之中，由一个元数据服务器来进行统一管理，并为用户提供数据读写的块地址。与传统的磁盘阵列等存储方式相比，分布式文件系统的优点表现在以下 3 个方面：

（1）支持用户对数据的并发读写，提高了 I/O 的能力。

（2）可以利用高顽存性分布式存储技术，实现对数据的低成本容错保护。

（3）可以实现存储系统的弹性扩展。未来分布式文件系统技术的发展方向包括采用分布式元数据服务器，以及支持更小粒度的文件块等。

受到传统操作系统、数据库等基础产品长期落后的影响，在以虚拟化为代表的 IaaS 深层次核心技术方面，我国与国际先进水平还存在较大差距，整体创新能力较弱，影响整体性、成体系的企业级云计算解决方案研发和产品的持续性发展，使整个产业难以形成整体突破。2014 年，VMware、HyperV 等企业的私有云产品在我国市场的占有率达到 70%，原因就是国内相关产品在虚拟化技术方面受到制约。关键技术的落后还影响我国企业对云计算技术的引领能力，使之无法主导产业发展。

3.1.3　平台使能技术

平台使能技术是工业互联平台实现核心功能的载体，向下可以承接海量的异构数据，向上可以支撑各种工业应用的开发，主要涉及资源管理与调度、多租户管理等技术。

资源管理与调度技术基于 Kubernetes、Mesos 等工具，可实现基础资源（存储、计算、网络）的管理与调度，建立资源隔离机制，解决复杂系统的运维保障问题。通过实时监控云端应用的业务量动态变化，结合相应的调度算法为应用程序分配相应的底层资源，从而使云端应用可以自动适应业务量的变化。工业互联网平台的资源调度分为静态资源调度和动态资源调度，静态资源调度指在虚拟机创建的时候进行资源分配，动态资源调度指在虚拟机运行时候根据需求进行资源的动态调整。随着云计算技术和虚拟化技术的快速发展，传统的静态资源管理方式会导致服务器资源不能根据实际需求实时调整，容易造成资源浪费等问题。动态资源调度能够实现云平台资源的整合，保证云平台的服务质量稳定，降低云平台集群能耗。因此，动态资源调度成为工业互联网的发展趋势。

由于共享开发和维护成本，使得多租户成为一种经济的解决方案。多租户应用就是多个租户共享硬件资源，硬件资源提供一个共享的应用和数据库实例。多租户管理技术通过虚拟化、数据库隔离、容器等技术，能够按照计算、存储、网络资源池进行管理，具备多租户场景下动态资源调度、隔离能力，实现不同租户应用和服务的隔离，保障不同租户之间应用程序不会相互干扰，并保证数据的保密性。多租户模式下每个租户认为自己独占资源，租户的数据既相互隔离又可共享。多租户管理技术方便部署、应用程序易于管理、低成本为数据集成、系统扩展提供更好的机会，从而满足工业云平台下服务运营商对统一管理、合理利用企业资源，为客户提供高效、迅速、稳定的服务，并且保证应用透明性和扩展性的需求。

3.1.4 数据管理技术

数据管理技术主要包括数据处理框架、数据预处理技术和数据存储与管理技术，可对采集到的数据进行数据解析、格式转换、元数据提取、初步清洗等预处理，再按照不同的数据类型与数据使用特点，选择分布式文件系统、NoSQL 数据库、关系数据库、对象存储系统、时序数据库等不同的数据管理引擎，实现数据的分区选择、落地存储、编目与索引等操作。数据管理技术提供数据交换接口，可以从业务系统的关系型数据库、文件系统中采集所需的结构化与非结构化业务数据，也可将汇总、分析结果等数据反向传回业务系统。此外，数据管理技术还提供与外部系统的数据交换、互联网数据抓取、第三方数据服务访问的能力。

数据处理框架借助 Hadoop、Spark、Storm 等分布式处理架构，满足海量数据的批处理和流处理计算需求。在越来越多工业信息化系统以外的数据被引入大数据系统的情况下，特别是针对传感器产生的海量时间序列数据，一个装备制造企业同时接入的设备数量可达数十万台，数据的写入吞吐达到每秒百万数据点甚至每秒千万数据点，工业互联网平台需要具备与实时数据库一样的数据写入能力。在数据在使用上，不仅是对数据在时间维度进行简单回放，而且对于数据多条件复杂查询以及分析性查询也有着极高的要求。因此，针对数据写入面临的挑战，数据处理框架能够同时兼顾面向查询优化的数据组织和索引结构，并在数据写入过程中进行一定的辅助数据结构预计算，实现读写协同优化的高通量数据写入。利用数据处理框架能够完成对工业大数据的治理并支撑对数据的探索能力，以供应用开发与分析时方便地使用数据。

数据预处理技术运用数据冗余剔除、异常检测、归一化等方法对原始数据进行清洗,为后续存储、管理与分析提供高质量的数据来源。数据预处理技术能够利用工业数据规模弥补数据的低质量。由于工业数据中变量代表着明确的物理含义,低质量数据会改变不同变量之间的函数关系,给工业大数据分析带来灾难性的影响。但事实上制造业企业的信息系统数据质量仍然存在大量的问题,如 ERP 系统中物料存在的"一物多码"问题。物联网数据质量也堪忧,无效工况(如盾构机传回了工程车工况)、重名工况(同一状态工况使用不同名字)、时标错误(如当前时间为 1999 年),时标不齐(PLC 与 SCADA 时标对不上)等数据质量问题在很多真实案例中的占比可以达到 30%以上。这些质量问题大大限制了对数据的深入分析,因而需要在数据分析工作之前进行系统的数据治理。工业应用中因为技术可行性、实施成本等原因,很多关键的过程量没有被测量,或者没有被充分测量(时间/空间采样不够、存在缺失等),或者没有被精确测量(数值精度低),这就要求分析算法能够在"不完备""不完美""不精准"的数据条件下工作。在技术路线上,可大力发展基于工业大数据分析的"软"测量技术,即通过大数据分析,建立指标之间的关系模型,通过易测的过程量去推断难测的过程量,提升生产过程的整体可控性。

数据存储与管理技术通过分布式文件系统、NoSQL 数据库、关系数据库、时序数据库等不同的数据管理引擎实现海量工业数据的分区选择、存储、编目与索引等。各种工业场景中存在大量多源异构数据,如结构化业务数据、时序的设备监测数据、非结构化工程数据等。

每一类数据都需要高效的存储管理方法与异构的存储引擎，但现有的大数据技术难以满足全部要求。以非结构化工程数据为例，特别是对海量的设计文件、仿真文件、图片、文档等小文件，需要按产品生命周期、项目、BOM 结构等多种维度进行灵活有效的组织、查询，同时需要对数据进行批量分析、建模，对于分布式文件系统和对象存储系统来说，均存在技术盲点。另外，从使用角度看，异构数据需要从数据模型和查询接口方面实现一体化的管理。例如，在物联网数据分析中，需要大量关联传感器部署信息等静态数据，而此类操作通常需要将时间序列数据与结构化数据进行跨库连接，因而需要针对多模态工业大数据的一体化查询协同进行优化。考虑到工业互联网平台要对数据进行长时间存储，高效的数据编码压缩方法以及低成本的分布式扩展能力也是企业面临的重要挑战。数据管理技术集成分布式存储、分布式文件系统、对象存储、检索查询、语义标注等多种数据技术，能够实现多源海量异构数据的标注、整理、组织、分类、编码、存储、检索，实现数据模型和查询接口的一体化管理，从而保证平台海量数据的独立性与完整性，形成数据共享与集成的服务接口。

3.1.5　应用开发和微服务技术

应用开发和微服务技术是工业互联网平台的核心，应用开发和微服务技术主要包括多语言与工具支持、微服务架构、图形化编程等技术，其主要目标是缩短软件开发时间，实现开发、部署和运维的更大灵活性，为用户提供面向工业特定场景的轻量化应用。由于这些结构性、系统性问题的存在，传统单一架构下的应用越来越难以适应工业互联网时代快速变化的市场需求。应用开发和微服务技术凭借复杂度可控、独立部署、技术选型灵活、容错、可扩展等优势，以一种全新的架构设计模式，推动了工业互联网应用从设计到运维整个流程方法论的变革。

多语言与工具支持技术是指工业互联网支持 Java、Ruby 和 PHP 等多种语言编译环境，并且提供 Eclipse Integration、JBossDeveloperStudio、Git 和 Jenkins 等各类开发工具，构建高效便捷的集成开发环境。例如，微软的云开发工具支持开发者能够用多种编程语言工作，包括.NET、node.js、Java、PHP、Python 等，同时也加强了非微软平台的多种语言扩展。例如，包含了使用 Python、MySQL 和 Django 的教程，构建 Python 框架的网站。此外，还包括微软 WindowsAzure 和 VisualStudio 2012 之间的紧密集成。

微服务架构提供涵盖服务注册、发现、通信、调用的管理机制和运行环境，支撑基于微型服务单元集成的"松耦合"应用开发和部署。微服务架构主要包含服务通信技术和服务发现技术。微服务架构是一个分布式系统，服务被部署在不同节点中，服务的交互需要通过网络进行通信，服务通信模式包括同步模式和异步模式。可以通过基于 HTTP 协议的 RESTfulAPI 和 Thrift 实现同步模式，也可借用众多成熟的消息系统实现异步模式，如 RabbitMQ、ActiveMQ、Kafka 等。服务调用时需要服务发现机制识别各个服务动态生成和变动的网络位置，服务发现主要包括客户端发现和服务端发现两种方式。客户端发现由客户端向服务注册表查询服务位置，并使用负载均衡算法从返回的实例中择其一，再向其发起调用。在服务端发现机制中，客户端请求是发给负载均衡器的，由其查询和选择服务实例并转发请求。

图形化编程是指通过类似 Labview 的图形化编程工具，简化开发流程，支持用户采用拖曳方式进行应用创建、测试、扩展等。相比于传统的代码编程软件，图形化编程有很多实质性的突破，可以快速地进行各种编程，并且以最为直观的图形进行编程，让人们在编程的过程中就可以注意到编程内容的变化，而后进行相关的测试，查看具体功能是否达到了想要的标准。这样的编程方式不仅节省了工程师们的很多时间，而且还打破了传统的规则，降低编程的研究成本。

3.1.6　工业数据建模与分析技术

工业数据建模与分析是工业互联网平台具备工业实体虚拟映射和智能数据分析能力的关键，主要涉及数据分析建模和机理建模等技术。工业数据建模与分析技术面对具体行业和具体领域，以最易懂的方式，向用户展示查询结果。这样做有助于分析结果的解释，易于和产品用户协作。更重要的是，推动工业大数据分析结果以闭环反馈形式应用到工业中的增值环节，以创造价值。

数据分析算法主要运用数学统计、机器学习及最新的人工智能算法实现面向历史数据、实时数据、时序数据的聚类、关联和预测分析。它面向特定工业应用场景，对海量的工业数据进行深度分析和挖掘，并且提供可调用的特征工程、分析建模等工具包，能够快速建立可复用、可固化的智能应用模型。数据分析算法应满足两方面的要求。

（1）工业应用特定数据结构带来的新需求。通用的数据分析平台大多针对记录性数据或独立的非结构化数据（适合交易、业务运营管理、社交媒体等场景）。然而，工业应用常常依赖于大量的时序或时空数据（传感器数据）和复杂的产品结构（如层次性的离散 BOM 结构或线性连接结构），这就需要工业大数据分析软件在底层数据结构设计、基础分析算法和建模过程中，提供充分支持。例如，具有复杂 BOM 结构的离散装备的分析建模、多变量非线性时间序列特征提取与处理算法（信号分解、降噪、滤波、序列片段切割）等。

（2）工业应用模式对分析处理效率的要求。工业应用模式通常具有大规模分布（空间）、实时动态（时间）、异构性强（连接）等特点。这对分析数据的平台软件提出了新的挑战。在实时处理上，需要能够支持面向大规模数据状态下的低等待时间复杂事件检测。在离线分析上，前台分析建模与后台的工业大数据平台应能很好地整合，支持大数据的挖掘。

机理建模技术将 CAD 建模技术、计算机支持的协同工作（CSCW）技术、用户界面设计、基于知识的推理技术、设计过程管理和文档化技术、虚拟现实技术进行集成，利用机械、电子、物理、化学等领域的专业知识，结合工业生产实践经验，基于已知工业机理构建各类模型，实现分析和应用。工业过程通常是基于"强机理"的可控过程，存在大量理论模型，刻画了现实世界中的物理、化学、生化等动态过程。另外，也存在很多的闭环控制/调节逻辑，让过程朝着设计的目标逼近。传统的数据分析技术很少考虑机理模型（完全是数据驱动），也很少考虑闭环控制逻辑的存在。机理建模技术的挑战主要体现在以下 3 个方面。

（1）机理模型的融合机制，如何将机理模型引入数据模型（例如，利用机理模型为分析模型提供关键特征，利用分析模型做机理模型的后处理或多模型集合预测），或者将数据模型输入机理模型。

（2）计算模式的融合，机理模型通常是计算密集型（CPU 多核或计算 cluster 并行化）或内存密集型（GPU 并行化），而数据分析通常是 I/O 密集型（采用 Map-reduce、ParameterServer 等机制）。二者的计算瓶颈不同，需要分析算法甚至分析软件需要特别考虑的问题。

（3）与领域专家经验知识的融合，突破现有生产技术人员的知识盲点，实现过程痕迹的可视化。例如，对于物理过程环节，是要重视知识的"自动化"，而不是知识的"发现"。将领域知识进行系统化管理，通过大数据分析进行检索和更新优化；对于相对明确的专家知识，借助数据模型层完成对底层数据模型的工业语义封装，构建基于用户、生产线、工厂、设备、产品等对象的统一数据模型，对各类统计分析应用与用户实现更加便捷、易用的数据访问接口。大数据建模工具提供的典型时空模式描述与识别技术，进行形式化建模，在海量历史数据上进行验证和优化，不断萃取专家知识。

3.1.7　安全技术

安全是工业互联网平台可靠、平稳运行的保障基础。工业互联网的安全需求可从工业和互联网两个视角进行分析。从工业视角看，安全的重点是保障智能化生产的连续性、可靠性，关注智能装备、工业控制设备及其系统的安全；从互联网视角看，安全主要保障个性化定制、网络化协同，以及服务化延伸等工业互联网应用的安全运行，以提供持续的服务能力，防止重要数据的泄露，重点关注工业应用安全、网络安全、工业数据安全及智能产品的服务安全。工业互联网平台安全从数据流动路径来看，主要涉及数据接入安全、工业互联网平台安全和访问安全等技术。

数据接入安全技术主要通过工业防火墙技术、工业网闸技术、加密隧道传输技术，保障传输过程的安全。传统生产设备以机械装备为主，重点关注物理和功能安全。未来的生产装备和产品将越来越多地集成通用的嵌入式操作系统及应用软件，海量设备将直接暴露在网络攻击之下，木马病毒在设备之间的传播扩散速度将呈指数级增长。与此同时，工厂网络向"三化（IP 化、扁平化、无线化）+灵活组网"方向发展，面临更多的安全挑战。现有针对 TCP/IP 协议的攻击方法和手段已很成熟，可被直接利用来攻击工厂网络。网络灵活组网需求使网络拓扑的变化更加复杂，传统静态防护策略和安全域划分方法面临动态化、灵活化挑战。无线技术的应用需要满足工厂实时性可靠性要求，难以实现复杂的安全机制，极易受到非法入侵、拒绝服务等网络攻击。数据接入安全技术用来保障边缘侧数据源的安全，在数据传输过程中采用加密隧道传输技术，防止信息泄露、被侦听或篡改。

平台安全技术包括平台入侵实时检测、网络安全防御系统、恶意代码防护、网站威胁防护、网页防篡改等技术，用于实现工业互联网平台的代码安全、应用安全、数据安全、网站安全。当前，工业数据由少量、单一、单向正在向大量、多维、双向转变，具体表现为工业互联网数据体量大、种类多、结构复杂，并在 IT（信息技术）和 OT（运营技术）层、工厂内外双向流动共享。工业领域业务应用复杂，数据种类和保护需求多样，数据流动方向和路径复杂，重要工业数据以及用户数据保护难度增大。网络化协同、服务化延伸、个性化定制等新模式、新业态的出现对传统公共互联网的安全能力提出了更高要求。平台安全技术针对工厂内部灵活组网的安全防护需求，通过建立动态网络安全防御机制，实现安全策略和安全域的动态调整。同时，通过增加轻量级的认证、加密等安全机制保障无线网络的传输安全。

此外，工厂控制环境由封闭到开放，信息安全威胁可能直接导致功能安全失效，功能安全和信息安全关联交织。工业互联网通过建立信息安全和功能安全融合机制，综合考虑功能安全和信息安全的需求，形成综合安全保障能力。

访问安全技术能根据不同的用户及所属类别，限制用户的访问权限和所能使用的计算机资源和网络资源，建立统一的访问机制，防止非法访问；提供统一身份认证机制，实现对云平台重要资源的访问控制和管理，阻止未授权使用资源和未授权公开或修改数据。当前，工厂控制安全主要关注控制过程的功能安全，信息安全防护能力不足。现有控制协议、控制软件等在设计之初，主要基于 IT 和 OT 相对隔离，以及 OT 环境相对可信这两个前提。同时，由于工厂控制的实时性和可靠性要求高，诸如认证、授权和加密等需要附加开销的信息安全功能被舍弃。IT 和 OT 的融合打破了传统安全可信的控制环境，网络攻击从 IT 层渗透到 OT 层，从工厂外部渗透到工厂内部，但目前有效的 APT（高级持续性威胁）攻击检测和防护手段缺乏。工业互联网针对工业应用的灵活安全保障需求，提供灵活的安全服务能力，提供统一灵活的认证、授权、审计等安全服务能力，支持百万级 VPN（虚拟专用网络）隔离及用户量增长业务应用呈现多样化。同时建立工业数据以及用户数据分类分级保护机制，对重要工业数据及用户数据进行分类分级，并采用不同的技术进行分级保护，通过数据标签、签名等技术实现对数据流动过程的监控审计，实现工厂数据全生命周期的保护。

在上述七大类技术中，通用平台使能技术、工业数据建模与分析技术、数据集成与边缘处理技术、应用开发和微服务技术正快速发展，对工业互联网平台的构建和发展产生深远影响。在平台层，PaaS 技术、新型集成技术和容器技术正加速改变信息系统的构建和组织方式。在边缘层，边缘计算技术极大地拓展了平台收集和管理数据的范围和能力。在应用层，微服务等新型开发框架驱动工业软件开发方式不断变革，工业机理与数据科学深度融合正在引发工业应用的创新浪潮。

3.2 工业互联网平台技术架构

3.2.1 基于通用 PaaS 的二次开发成为工业 PaaS 主要构建方式

PaaS（Platform-as-a-Service：平台即服务）能够为云架构的上层工业 App 的开发屏蔽设备连接、进行软件集成与部署、减少计算资源调度的复杂性，大部分领先平台都依托通用 PaaS 向用户提供服务。例如，GE Predix 基于 Cloud Foundry 的二次开发支持 Spring.NET 等应用程序框架，提供 PostgreSQL、SQL Server、Redis 以及来自第三方和开源社区的应用服务，还包括 GitHub 代码库、Node.js、Bower 包管理器、Gulp、SASS、Web Component Tester 等多种开发工具，以便开发人员快速实现应用平台的开发与部署。其他主流平台也均采取类似策略，IBM Bluemix、西门子 MindSphere、BoschIoT Suite、航天云网 INDICS 等平台均基于 Cloud Foundry 而构建，树根互联根云 RootCloud、海尔 COSMOPlat 平台、寄云科技 NeuSeer 平台则分别基于 Docker、Openshift 等进行构建。

3.2.2　新型集成技术成为平台能力开放和功能复用效率提升的重要手段

借助 REST API 等一系列 Web API 技术，大部分工业互联网平台中的设备、软件和服务通过 JSON、XML 等统一格式实现不同业务系统的信息交互和调度管理，为企业内外协同、云端协同、能力开放、知识共享奠定基础。新型 API 技术为多源异构系统的快速集成提供有效支撑，实现边缘设备与云端的集成、传统工业软件与云端的集成、平台内部不同软件和功能的集成。目前，Ayla、Intel IoT、Zatar、Xively、Eurotech 等平台是以 REST 协议为核心手段，实现设备、应用程序、后端系统的全要素集成的。此外，Predix、ThingWorx、Watson IoT 等绝大部分平台也都集成了 REST API 技术。基于 API 技术的能力开放是平台发展的重点方向。在发那科的 FIELD system 平台上，目前已有 200 多家公司开放 API，支持用户灵活调用平台的相关服务来开发个性化应用。Predix 基于 REST API 技术，提供资产管理和位置控制的微服务；基于区块链技术，提供数据完整性验证 API；基于大数据技术，提供数据统计分析 API。IBM Watson IoT 平台基于 REST API 技术，为工业应用提供链接、认知分析、实时分析、信息管理和风险管理等功能。

云中间件技术强化传统工业软件与平台应用的数据交互，使二者能够共同支撑企业的业务决策。MindSphere 整合 MindConnect Integration 集成中间件，推动平台与 PLM、ERP、MES 等软件及 Salesforce CRM 等 SaaS 服务的数据集成，支撑企业进行跨系统业务创新应用的开发。与此类似，ThingWorx Navigate 等商业工具及 Apache Sqoop 等开源工具也支持企业原有信息系统与平台应用的集成。

集成技术发展推动平台功能由"内部调用"走向"多云集成"。当前很多平台基于 REST API 技术实现平台内功能组件的集成，构建工作流，提升功能复用效率。Predix 将数据管理、运维、分析等几类核心服务整合为工作流，目前已形成 17 个预置模板，支持资产管理、时序数据管理等应用的快速构建。MindSphere 基于 Visual Flow 工作流调用工具，实现对异常检测、事件分析、信号计算等功能的快速复用。未来 OpenAPI 技术将推动平台间的功能调用与集成。将平台内部的 REST API 以 OpenAPI 的形式对外开放，能够有效地促进平台间的功能集成。目前 Salesforce IoT Cloud 使用 OpenAPI 规范和定义平台接口，未来随着更多平台支持 OpenAPI，类似 Anypoint、Cloud Elements 的 API 集成平台将有望重构跨平台应用集成方式。

3.2.3　容器、微服务技术支撑平台基础架构及其工业应用的灵活部署

通过引入容器和无服务器计算等新型架构，能够实现平台和工业应用的灵活部署和快速迭代，以适应工业场景中海量的个性化开发需求。容器技术简化了硬件资源配置的复杂性，一方面实现了平台中服务和应用的灵活部署。例如，IBM 将 Watson IOT 平台中的采集服务和 Watson Service 平台中的分析服务以容器形式封装后，可以实现图形化的快速应用构建；再如，GE Predix 平台中由训练而形成的智能模型，利用容器技术可以直接部署在 Predix Machine 设备上。另一方面，容器技术实现了平台自身的快速部署。例如，PTC ThingWorx 平台在 2017 年 6 月发布的 8.0 版本上增加了基于 Docker 的部署方式，支持平台在不同公有云、私有云、混合云等多种基础设施上的快速构建和灵活迁移。SAP 在 Docker Store 中提供 HANA 的应用速成

（express）版，打包内存计算引擎和数据分析算法，使应用开发者可以在本地或云端快速开发基于 HANA 平台的数据分析应用和软件。

为进一步推动软件解耦与功能集成，平台的 PaaS 架构向"容器+微服务"方向深化发展。Kubernetes 以其更高效的资源调用能力和组织性能成为更多平台构建自身通用 PaaS 架构的关键技术。博世 IoT Suite 基于 Kubernetes 实现对云应用容器的快速配置与更新，日立 Lumada 平台集成 Kubernetes 工具实现对 Docker 和原生 Marathon 的高效编排，华为 FusionPlant 在云容器引擎 CCE 中支持原生 Kubernetes 工具进行资源编排，Service Mesh 等新型微服务架构将进一步降低功能解耦和集成难度。此外，阿里巴巴基于 Service Mesh 架构实现存量功能组件的快速集成，新功能上线时间由半年缩短至一个月，目前已经应用于金融领域，未来有望向工业领域渗透。富士康 BEACON 基于 Service Mesh 架构实现不同功能组件间的有效配置和管理，大幅降低微服务的构建难度。从长期看，各类功能组件的解耦推动模型、数据、微服务进一步向平台下沉，将逐步形成业务中台，为应用开发提供更好的支持。

3.3　工业互联网平台网络传输

3.3.1　工业网络协议格局加速转变

（1）以协议转换技术为核心的工业应用网关是基础设备。多协议转换技术不但为实现工业互联网提供了一种全新的应用网关，还为传统自动化系统集成提供了性能优良、易于使用的协议转器、数据集中器和通信功能扩充装置，还可为新一代的大型集中监控系统构建统一信息平台提供强有力的支持。华为推出的 AR 系列物联网关设备为广大企业提供了边缘计算物联网解决方案，在电梯、照明等场景中实现了开放式边缘计算和云化的集中管理。

（2）通用协议占比提升，领先协议格局重排。随着工业互联网的快速演进，设备互联变得越来越重要。生产现场无数的机器连接需求推动了工业以太网市场节节上升。在底层连接方面，如图 3-2 所示，2017 年工业总线网络新增节点数占比为 48%，工业以太网与工业无线网络新增节点数首次超过工业总线网络，分别占 46% 和 6%。与此同时，工业总线网络存量节点数增速进一步下滑到 4%，增长主要依靠存量改造和低成本项目。工业以太网和工业无线网络的存量节点数分别保持了 22% 和 32% 的增长率。此外，由于 Ethernet/IP 与 PROFInet 在欧美市场的快速增长，两大协议存量节点数占比首次超过通用以太网。在无线领域，蜂窝服务在整体市场中的占比不足 1%，WLAN 依然占据着大部分的市场份额。

图 3-2　2016—2017 年工业网络新增节点数占比

数据来源：HMS、HIS、CISION

（3）OPCUA 持续优化协议性能。ABB、博世力士乐、贝加莱、思科、通用电气（GE）、库卡、美国国家仪器公司、派克汉尼汾、施耐德电气、SEW-EURODRIVE 和 TTTech 正在联手推动将 OPCUA 与 TSN 作为工业控制器与云通信的统一解决方案，OPCUATSN 结合了增强型 OPCUA 发布/订阅（Pub/Sub）技术和 IEEETSN 以太网标准，在工业控制器与云之间用于实现确定性和实时的点对点通信。据预测，2016—2021 年，OPCUA 节点数复合年增长率将达到 64.4%。

（4）发展性能和兼容性都很好的新型网络技术是目前的趋势。总体来看，工业以太网、通用以太网、时间敏感网络三类以太网技术的并行发展，为未来工业互联网时代的网络技术应用奠定了基础。

① 通用以太网的技术迭代路径。主要体现为车联网技术与通用以太网技术的融合，随着自动驾驶技术的快速发展，汽车领域急需一种海量带宽、极低时延、极低抖动并具有较高兼容性的网络技术。IEEE 设立了多个工作组研究具有强电磁干扰可用、可供电、高带宽特征的 802.3 子协议以替代 CAN 总线。未来相关协议向自动化领域的渗透是工业网络技术发展的新方向。

② 工业以太网技术迭代路径。传统自动化企业遵循总线时代的发展路径，在实时以太网协议的研发中，通常仅保留最基本的通用性，通过私有协议提升网络性能。

③ 时间敏感以太网技术迭代路径。美国工业互联网联盟设立了时间敏感网络实验床，希望在改良上层协议提升带宽和降低时延的同时，保证通用性，减少专用设备，提升互联互通水平。上述三类技术迭代路径将长期发展，依托自有优势获得相应的市场地位。

3.3.2　新一代网络技术快速成熟

近年来，物联网领域发展迅速，世界万物都可以通过互联网相互连接。基于蜂窝的窄带物联网（NB-IoT）成为工业网络的一个重要分支。NB-IoT 构建于蜂窝网络，只消耗大约 180kHz 的带宽，可直接部署于 GSM 网络、UMTS 网络或 LTE 网络，以降低部署成本、实现平滑升级。NB-IoT 支持待机时间长且对网络连接要求较高设备的高效连接。在物联网标准推动方面，2014 年 5 月，华为提出了窄带技术 NBM2M；2015 年 5 月，融合 NBOFDMA 形成了 NB-CIOT；同年 7 月，NB-LTE 与 NB-CIOT 进一步融合形成 NB-IoT。Inter 公司在 2017 年开发了 XMM7315 芯片，支持 LTECategoryM 和 NB-IoT 两种标准，单一芯片集成了 LTE 调制解调器和 IA 应用处理器。2018 年 2 月，美国电信运营商 Verizon 携手爱立信完成了 NB-IoT 数据传输测试，并计划在当年部署一张全国性的 NB-IoT 网络。NB-IoT 具有更低功耗、模块成本、连接能力强、覆盖面广等显著特点，为工业互联网应用提供了很好的支撑技术。

时间敏感网络（TSN）的前身是由 IEEE 的 802.1 任务组于 2005 开始制定的以太网音/视频桥接技术 AVB（Ethernet Audio Video Bridging），在 2012 年更名为 TSN。它是基于新的以太网架构的用于实时音/视频的传输协议集，有效地解决了数据在以太网传输中的时序性、低延时和流量整形问题。同时又保持了 100%向后兼容传统以太网，是极具发展潜力的下一代网络音/视频实时传输技术。随着工业互联网的继续推进及 TSN 技术的深入研究，未来所有需要实时监控或实时反馈的工业领域都需要 TSN 网络，如机器人工业、深海石油钻井和银行业等。TSN 还可用于支持大数据的服务器之间的数据传输。全球的工业已经进入了物联网时代，毫无疑问，TSN 是改善物联网互联效率的最佳途径。目前，TSN 技术产品进入产业化阶段，协议功能日益完善。2017 年，第一批 TSN 产品已经进入市场，如美国国家仪器公司的控制器，Intel、Broadcom、Marvel 的 TSN 芯片，以及思科、Hirschmann 等公司提供的能支持 TSN 的交换机。据预测，2017 —2024 年，TSN 市场复合年增长率将达 53.5%，2024 年市场规模将超过 6 亿美元。工业互联网中越来越多的实时通信需求将成为推动 TSN 市场发展的主要动力。

5G 面向工业需求持续演进，能够有效支撑无线自动化控制、移动机器协作等工业场景应用。在容量方面，5G 通信技术将比 4G 实现单位面积移动数据流量增长 1 000 倍；在传输速率方面，单用户典型数据速率提升 10～100 倍；端到端时延缩短 5 倍；在可接入性方面，可联网设备的数量增加 10～100 倍；在可靠性和能耗方面，每比特能源消耗应降至千分之一，低功率电池续航时间增加 10 倍。工业互联网依赖于高速发展的互联网技术，性能优异的 5G 网络将会有力促进互联网应用的高速发展，也必将对工业互联网的应用产生深远的影响。

软件定义网络（SDN）重构生产网络。中国科学院沈阳自动化研究所在中国工业互联网产业联盟申报了《软件定义可重构智能制造验证示范平台》测试床项目，建设基于工业 SDN 的自组织全互联网络系统、基于工业 SDN 的管控全互联无线网关等工业无线通信产品，探索 SDN 的工业应用。SDN 与 NFV 将可能成为工业互联网网络技术发展的重要方向。

3.4 工业互联网平台开发框架

3.4.1 基于微服务架构的开发方式大幅提升工业 App 开发效率

基于微服务的开发方式支持多种开发工具和编程语言,并通过把通用功能进行模块化封装和复用,加快应用部署速度,降低应用维护成本。例如,GE Predix 平台基于微服务提供资产绩效管理、运营优化、资产建模、数据获取等 180 多种微服务供开发者调用,简化了部署应用程序开发、部署与运维的复杂性。IBM Bluemix 平台推出可用于微服务开发的软件工具,例如,IBM MQ Light for Bluemix 提供灵活、易于使用的消息传递机制,IBM Bluemix DevOps Services 则帮助用户降低部署和运维应用程序的难度。此外,西门子 MindSphere、航天云网 INDICS、寄云 NeuSeer 等平台也都通过微服务架构,帮助用户快速构建个性化应用程序。

3.4.2 基于图形拖曳开发方式有效降低工业 App 开发门槛

基于图形拖曳开发方式降低了对开发人员编程基础、开发经验的要求,使其可以专注于功能设计,从而降低应用开发的门槛。例如,PTC ThingWorx 平台基于 ThingWorx Foundation,为开发人员提供模型驱动的应用程序开发服务，开发人员无须使用编写代码，即可连接所有的 ThingWorx 组件。使用拖曳工具就可以开发高质量、可扩展的应用程序，相比于传统方式能减少 10 倍的开发时间。SAP Cloud Platform 通过 Fiori、BUILD、WebIDE 等预制开发工具，支持基于图形拖曳开发方式。用户通过使用这些工具可进行轻量级云端开发，无须后台任何定制，就可实现应用的快速上线，将开发时间从几个月缩短到几周。

3.4.3　新型架构催生以工业 App 为核心的新型应用体系

基于统一平台架构开发全新的原生云应用成为工业 App 构建的主流选择，这类原生云能够提供最优的可扩展性，降低 App 的开发、部署和应用门槛，更快地满足市场需求。PTC ThingWorx 平台提供了 Navigate、Controls Advisor、Production Advisor、Asset Advisor、Flow 等原生云应用，支持数据快速集成、PLC 快速连接、数据可视化、设备监控等功能的开箱即用。传统工业软件 SaaS 化依然是工业 App 构建的重要方式，新型架构和集成技术为传统软件快速云化构建了技术基础。ANSYS 公司发布仿真计算云平台 ANSYS Engterprise Cloud，实现仿真工程计算能力快速扩展，打破本地计算能力的物理资源上限。SAP 公司将原有 ERP 软件按照功能解耦为财务、流程、人力、销售等多个模块，打造 S/4 HANA 软件套件，实现灵活的功能组合与应用的快速部署，并基于统一的云基础环境，实现灵活的计算资源配置。

3.5 工业互联网平台应用开发

3.5.1 传统工业软件云化日趋成熟

主导软件企业基本完成了基于平台的云化软件代码重写。随着云计算技术在各行各业的成熟应用，传统工业软件巨头纷纷将自身的软件产品向云端迁移，旨在降低软件产品购买和维护成本，进一步扩大市场规模。目前，以云设计、云管理、云仿真等为核心的工业软件云端生态体系正在加速形成。

工业软件云设计允许用户通过各种终端（PC、手机、平板）在网络环境下，打开浏览器登录并开展设计等相关工作。Onshape 公司于 2016 年初正式发布完全基于 SAAS 的互联网时代的三维 CAD 系统 Onshape；在线的零件库如制造云新迪数字开发的 3DSource 也可以帮助企业提高产品研发效率；欧特克有限公司于 2016 年推出了基于云端的研发解决方案 Autodesk 360，用户可按季度、年度和多年期限购买云服务，云服务可以在云中进行编辑、协作和渲染；达索系统公司于 2015 年推出了基于云的 3DEXPERIENCE 平台，并将自身的大部分产品研发工作向云端迁移。目前已推出了超过 100 种以上的云化产品，用户可在这些产品提供的云服务模式下灵活订阅不同的服务。

工业软件云仿真能够快速访问仿真数据，实现较高程度的自动化仿真流程。2017 年，在 ANSYS 用户技术大会上，ANSYS 全球市场营销总监 BarryChristenson 在接受 e-works 记者采访时提到，借助高性能云仿真的应用，逐渐成为未来仿真技术发展的重要方向。安世亚太 PERA.GRID2017、北京蓝威技术 EASYCAE 和易士软件 CAE 分析平台都是基于云的仿真应用平台。

工业软件云管理基于云化 CRM 应用服务，对营销业务和营销人员进行有效管理，实现移动应用。例如，上海泛微网络科技股份有限公司推出了融合工作汇报、项目任务、CRM、知识分享、审批流程、数据协作等应用于一体的移动办公平台 Eteams；销售易推出了智能化的移动 CRM 云平台；甲骨文公司于 2014 年将自身的 ERP 进行云化，能够在云端提供财务管理、项目管理和采购等多项服务，极大地提升了服务的灵活性。此外，用友、金蝶、浪潮、SAP 这些 ERP 巨头在云 ERP 领域推陈出新，新品迭出。

3.5.2　基于平台+微服务架构的工业 App 时代到来

工业互联网平台加速工业 App 发展进程。新一轮工业革命兴起对软件产业与制造业融合发展提出了更高要求。工业技术软件化作为提升工业软件供给能力、弥补制造企业软件能力短板、降低智能制造成本和风险的重要手段，加快工业技术软件化进程，推动工业 App 创新发展，将成为充分发挥软件在工业领域的"赋值、赋能、赋智"的作用、快速提升软件对制造业支撑能力的重要途径，成为抢抓新一轮工业革命重大机遇、推进智能制造加快发展的务实选择和重要方向。不同于传统 IT 架构将模型软件部署在本地，工业互联网平台越来越多地将各类模型软件部署在云端。传统的各类工业软件通过架构重构、代码重写的方式部署到了云端，成为"云化"模型，在平台上具体体现为云化 SaaS。同时，很多开发者基于云端开发环境正在开发更多新型软件，成为"云生"模型及平台上的一个个云生 App。

与数百万移动 App 刺激了移动互联网的爆发类似，工业互联网概念的兴起使工业 App 迎来新的发展机遇。一方面，设备和自动化龙头企业基于微服务架构提供大量的工业 App，例如，GEPredix 平台基于微服务架构提供资产绩效管理、运营优化、资产建模、数据获取等 180 多种工业微服务供开发者调用，此外，还提供 150 多种工业 App 供用户直接使用。西门子 MindSphere 平台目前具有制造工艺优化、能源管理等 6 类工业微服务供用户调用，还具备流程优化、零部件监控等 50 多个工业 App 供不同行业的企业使用。另一方面，具备工业背景的初创企业加快研发基于云端的工业 App，例如，Uptake 公司基于平台已研发多种面向设备管理和故障预测的工业 App，融资近 1 亿美元，估值超过 10 亿美元。C3 IoT 公司的平台已具备完善的预测性技术，基于工业 App 可实现对 7 000 万台设备的管理，目前融资近 1.1 亿美元，估值超过 14 亿美元。

3.5.3　DevOps 技术与低代码技术变革平台应用开发流程，提升开发效率

DevOps 技术进一步提升平台应用开发效率，GE Predix 集成 Jenkins 等持续集成工具与交付工具，推动平台应用自动构建、测试和部署，缩短从工业 App 代码编写到应用上线的时间。华为 FusionPlant 集成自动化代码检查工具 CodeCheck，基于近 2000 条检查规则对代码缺陷进行准确检测和分析，提升产品质量分析、供应链管理、生产能耗预测等应用的开发效率。低代码技术进一步降低了平台应用的开发门槛，西门子 MindSphere 平台基于低代码开发工具 Mendix 支持模

型驱动的开发方式，简化了应用开发流程。PTC ThingWorx 集成 Mashup Builder 低代码开发环境，积累了 60 多个预置可视化功能组件，支撑平台应用的快速构建。IBM Watson IoT 平台基于低代码开发工具 Digital APP Builder，简化机器学习、图像识别组件的开发流程。

3.6　工业互联网平台边缘能力

3.6.1　基于边缘的多协议转换强化平台数据接入能力

大部分平台均提出了协议转换和云端协同技术方案，实现设备、传感器、可编程序控制器（PLC）、控制系统、管理软件等不同来源的海量数据在云端的集成与汇聚。基于网关的多协议转换正获得普遍应用，GE 通过将数据采集转换模块 Predix Machine 部署在现场传感器、控制器和网关，利用 OPC UA 技术实现工业以太网、工业总线等不同协议的转换。Oracle IoT Cloud Service 面向设备远程管理业务，通过"软件网关"实现对行业通信协议的支持。西门子通过在设备端部署数据采集模块 MindConnect Nano，实现通用协议兼容和私有协议转换。基于操作系统和芯片的原生集成正成为重要创新方向。例如，Intel 推出 Wind River Edge Management System 嵌入式管理系统，实现设备与 Intel IoT Platform 的直接互联。Ayla IoT Platform 与博通、高通、意法半导体等芯片巨头合作，将平台接口内嵌在芯片中，直接从芯片层面支持边缘与云端的互联。

3.6.2　边缘数据处理和缓存技术有效提升平台承载能力

工业生产过程的高频数据采集，往往会对网络传输、平台存储与计算处理等方面带来性能和成本上的巨大压力。在边缘层进行数据的预处理和缓存，正成为主要平台企业的共同做法。

（1）在边缘层进行数据预处理，剔除冗余数据，减轻平台负载压力。例如，SAP Leonardo Edge Platform 与 Dell 边缘网关集成，实现边缘数据的实时预处理。华为推出的 EC-IoT 解决方案基于敏捷网关，能够大幅缩短业务上线时间，降低运营成本 50% 以上。

（2）利用边缘缓存保留工业现场全量数据，并通过缓存设备直接导入数据中心，降低网络使用成本。例如，亚马逊推出的 AWS Snowball Edge、微软推出的 Azure 数据盒和谷歌推出的 Transfer Appliance，以 100 TB 级别的容量支持现场数据临时存储，通过实体运输将数据上传到数据中心，简化数据传输过程并尽可能地减少设置与集成工作。在风电场的实际应用中，AWS Snowball Edge 主要解决无网络偏远地区的数据存储上云问题。在制造企业的实际应用中，AWS Snowball Edge 主要替代上位机或私有云保存现场数据。

3.6.3　边缘数据接入由定制化方案走向平台通用服务

数据接入难度和成本是制约工业互联网平台应用的核心痛点之一，平台正尝试提供面向不同设备的综合性接入技术方案，推动平台应用快速落地。存量设备接入仍以边缘协议解析为主要方式，逐步从个性方案发展成为平台通用服务。具有较强工业协议积累的企业正在将接入方案转化为平台服务，将解析能力下发至边缘设备实现数据接入。例如，研华 WISE-PaaS 3.0 中集成了多协议数据采集微服务，基于 EdgeX Foundry 开源框架在多类网关中部署和运行。博世 IoT 集成了 10 余种工业协议，基于模块化 OSGI（Open Service Gateway Initiative）架构下发至网关设备进行灵活配置。未来，数据接入方案将内嵌在新增设备中，直接连接平台有可能成为重要趋势。SDK 等数据接入方案在商业物联领域已得到普遍应用，正在加速向工业互联领域延伸，例如，ThingWorx 基于 SDK 实现了与工业机器人、3D 打印机、AR（增强现实技术）等设备的双向实时数据传输。COSMOPlat 基于 MQ-SDK 实现了把工业机器人、纺织机械、数控机床等设备与边缘管理云平台的连接。从长期看，平台企业将与硬件厂商合作直接把平台的接入能力集成至芯片中，类似小米 IoT Wi-Fi 模组和谷歌人工智能芯片 Edge TPU 都有望向工业领域渗透。

3.6.4　边缘数据分析从简单规则向复杂分析延伸

为满足工业实时性要求，降低网络和 IT 资源消耗，在边缘侧开展数据分析正在成为工业互联网平台的普遍做法。基于"if-then（条件语句）"的简单规则支撑边缘侧的大部分数据应用，PTC ThingWorx、博世 IoT、施耐德 EcoStruxure、东芝 SPINEX 等平台都在边缘侧集成了规则引擎；IBM Watson IoT 可以根据所监控数值的大小和频率执行不同操作，在边缘识别并警告质量缺陷、安全风险等，AWS IoT 1-Click 可以快速执行已定义好的 Lambda 程序，提升车间运行效率。在边缘进行基于机理和数据的复杂分析成为重要探索方向，西门子

MindSphere 在边缘控制器上集成分析引擎，通过运行 RMS 速度、零峰值速度、波峰因数等七类算法进行振动分析，实现设备预测性维护。ADAMOS 平台集成德玛吉森 CELOS 系统，支持在机床中部署机器学习算法，根据温度补偿刀具位移。北京天泽智云科技有限公司（简称天泽智云）在边缘端部署特征提取算法，对列车的轴箱和轴承等核心部件进行故障诊断。边云协同实现落地应用，Predix、Uptake、谷歌 IoT、AWS IoT 等平台基于工业智能公司 FogHorn 的 Lightning 边缘智能技术，将云端训练形成的机器学习乃至深度学习模型推送到边缘设备上运行，支撑半导体产能优化、离心泵状态检测、电容器缺陷检测等多类应用。以云计算为代表的集中式计算、以边缘计算为代表的分布式计算，在成本、可靠性、灵活性、安全性等方面各具优势，适用于不同的工业场景，平台的边缘和云端将会相辅相成、有效整合、共同发展。

3.6.5　边缘分析技术显著增强平台实时分析能力

为了更好地满足工业用户的实时性、可靠性要求，越来越多的平台运营企业开始将计算能力下放到更为靠近物或数据源头的网络边缘侧。

（1）边缘层直接运行实时分析算法，例如，微软在 2017 年 5 月更新 Azure IoT Edge 服务，新增了机器学习、认知服务、流数据分析等功能，支持在嵌入式边缘设备上运行复杂分析和人工智能算法；微软与金属切削刀具企业 Sandvik Coromant 合作，基于 Azure IoT Edge 在边缘实现了流数据分析和机器学习算法，使故障处理时延从云端处理的 2s 缩短到边缘处理的 0.1s。

（2）边缘与平台协同，实现模型不断成长和优化。例如，PTC 在

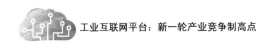

ThingWorx 平台中集成，能够实时发现边缘设备异常的 Thing Watcher 模块，并与云端分析交互共享，实现模型迭代生长。

3.6.6 通用 IT 软/硬件架构向边缘侧下沉，为边缘应用创新提供更好载体和环境

边缘设备从"功能机"走向"智能机"已经成为平台发展的必然趋势，将大幅提升边缘应用的深度和广度。当前主要聚焦网络设备的智能化，未来将进一步向工业设备延伸。现阶段"通用处理器+通用操作系统"成为边缘网关的主流架构，例如，HPE Edgeline 边缘网络设备采用 Atom、i5、Xeon 处理器，为 Windows 和 Linux 不同版本提供了全套驱动，更好地支撑数据处理、边缘分析、自主运维等功能。英特尔、思科、戴尔、华为、惠普、研华、西门子、GE 等边缘网关也采用了类似的技术架构。未来"专用处理器+通用处理器"混合结构将应用于工业设备，同时满足实时控制和数据分析功能。AWS IoT 为开发者提供通用开发板，采用 ARM Cortex-A9 处理器+赛灵思 Zynq-7000 FPGA 芯片，运行 Amazon FreeRTOS 操作系统，能够支持高性能电机控制等边缘工业需求。MindSphere 边缘控制器中集成了英特尔 Movidius Myriad X 视觉处理器，强化自动分拣和缺陷检测等计算视觉应用。

开源技术向边缘侧下沉，在边缘侧形成一个统一的数据和应用创新生态。EdgeX Foundry、Azure IoT Edge、Cloud IoT Edge、Eclipse Kura、KubeEdge、OpenEdge 等边缘架构将推动边缘设备开发的标准化，提升互操作性。博世融合 Eclipse 开源组织，围绕博世 IoT 打造了一个从数字孪生到嵌入式编程的边缘开放生态。MOBY、Kubernetes

等容器管理和编排技术推动边缘软/硬件资源更高效和灵活的管理，Azure IoT Edge 支持 MOBY 和 Kubernetes，推动边缘网关快速灵活地建立和更新业务逻辑。Apache Nifi/MiNiFi 等数据管理和集成架构将进一步改变边缘数据集成方式，工业平台 Sciemetric 与数据接入平台 Attunity 和数据管理平台 Hortonworks 合作，基于 Apache Nifi 实时采集边缘制造数据，构建工厂数据湖，支撑流程优化、预测性维护、供应链优化等分析应用。

3.7 工业互联网平台技术趋势

3.7.1 对工业机理的深入理解是工业数据分析的重要前提

在长期的工业发展过程中，工业企业面向不同行业、不同场景、不同学科积累了大量经验与知识。这些工业机理的解释和提炼能够对生产现象进行精准描述和有效分析，对传统工业生产和管理的优化起到重要作用。随着新型数据科学的兴起，这些工业机理又能够有效地指导数据分析过程中的参数选择和算法选择，使其更加贴合工业生产特点。因此，GE、西门子、博世等工业巨头均将自身工业经验和知识进行提炼和封装，作为其工业互联网平台的核心能力与竞争优势。例如，GE 公司把以往由工程师智囊团完成的飞行数据分析工作"搬上" Predix 平台，专家在 Predix 平台的帮助下，构建一个检测程序，使之能根据航程的长短自动对比飞机起飞前后的发动机润滑油量，实现润滑油消耗的提前告警和运维，从而将其在航空发动机领域的专业知识和经验转化为平台上面向用户特殊应用需求的专业服务能力。

3.7.2 信息模型规范统一成为平台提升工业要素管理水平的关键

为了更好地满足工业用户的实时性、可靠性要求，越来越多的平台运营企业开始将计算能力下放到更为靠近物或数据源头的网络边缘侧。

为对各类工业设备、系统进行更加有效的识别和交互，工业互联网平台正将信息模型的集成与统一构建作为支撑自身应用拓展的一项关键能力，并遵循两类思路推进。一是自上而下：平台企业提供开放的信息模型构建工具，统一工业资产的语义描述。例如，PTC ThingWorx 构建了一套复杂的模型体系 ThingModel 来描述工业资产和流程，既可以定义工业资产的具体特征和属性、界定资产之间的层次和关系，还可以实现信息模型在类似领域的快速复用。AWS IoT 的 Thing Registry、Waston IoT 的 Device Model、Azure IoT 的 Device Twin、Atomiton 的 TQL 语言都采用类似方法支持工业建模。二是自下而上：设备企业基于统一协议构建信息模型，与平台进行集成。OPC-UA 有望为工业设备提供统一的信息模型构建标准，西门子、罗克韦尔、ABB、贝福、博世、施耐德等自动化企业的专有协议，以及 MTConnect（机床）、Euromap 77（注塑机）、PLCopen（控制）等行业或领域的相关协议都加速与 OPC-UA 进行整合，实现信息模型间的映射与互通。同时，绝大部分平台都具备将 OPC-UA 信息模型转化为自有信息模型的能力，从而有效地整合各类工业设备的信息模型。微软 Azure IoT 更是直接将 OPC-UA 信息模型推送上云，支持可视化展示设备效率（OEE）和关键绩效指标（KPI）等平台应用。

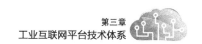

3.7.3 大数据、机器学习技术驱动工业数据分析能力跨越式提升

工业互联网带来工业数据的爆发式增长，而传统数学统计与拟合方法难以满足海量数据的深度挖掘，大数据与机器学习方法正在成为众多工业互联网平台的标准配置。Spark、Hadoop、Storm 等大数据框架被广泛应用于海量数据的批处理和流处理，决策树、贝叶斯、支持向量机等各类机器学习算法，尤其是以深度学习、迁移学习、强化学习为代表的人工智能算法，正成为工业互联网平台解决各领域故障诊断、预测与优化问题的得力工具。例如，IBM 公司将人工智能系统 Watson 引入 Bluemix 中，打造出了具备"AI+IoT"特色的 Watson IoT Platform，借助物联网强大的数据连接和汇聚能力为智能系统 Watson 提供数据支撑，Watson 系统则凭借优势明显的认知、推理和学习功能寻找数据与结果之间的内在关联，并形成新的洞察力以帮助企业进行最优决策。

3.7.4 机理模型、数据模型、业务模型加速沉淀，工业服务能力不断强化

为提供适用于工业场景需求的数据分析和应用开发服务，平台不断深化对机理模型和数据模型的积累，不断提升分析结果的准确度。Ambyint 专注于石油液压升降系统的优化和维护，不仅沉淀了人工举升采油法中的大量现代物理学知识，而且积累了 45TB、1 亿小时的油井运行数据，在此基础上不断训练分析模型，更好地诊断井下和地

表的异常，并优化油井运行参数。博华科技专注于旋转机械、往复机械的振动监测，积累了大量燃气轮机、轴流风机、挤压造粒机、汽轮机等设备的历史运行数据和领域知识，强化设备预测性维护的性能。Uptake 积累了 800 多种工业设备、55 000 种故障模式和维护策略的工业知识库，并收集了大量工业天气、交通模式、卫星图像和地理空间系统等数据集，更好地支持分析模型的构建。天泽智云与中车青岛四方、东方电气等垂直领域的企业合作，积累轴箱轴承、空压机、机床、风力发电机、高炉等设备的运行数据，以及大量故障模式识别模型，支撑重点设备的预测性维护。同时，平台积极探索业务模型的沉淀，支撑并形成贴合业务需求的综合性工业应用。西门子推动 Atos、埃森哲、Infosys、德勤、凯捷和普华永道等传统系统集成合作伙伴的业务模型和行业经验与 MindSphere 集成，形成平台应用。例如，Atos 在 MindSphere 平台上为航空航天、汽车和食品饮料等行业开发了缺陷检测、质量管理、绩效优化、预测性维护、能耗管理、eBoM 检查等 14 个即用型应用。IBM Waston IOT 平台加速与资产管理软件 IBM Maximo 整合，平台基于 Maximo 中的电力、石油、核能、运输、航空等行业模型，开发生产、绩效、质量、能源、资产和供应链等领域的优化应用。ThingWorx、Predix、博世 IoT 等也通过类似方法积累了大量业务模型。

3.7.5 数据科学与工业机理结合有效支撑复杂数据分析，多类模型融合集成，共同驱动数字孪生发展

基于工业互联网平台，数据分析方法与工业机理正在加速融合，从而实现对复杂工业数据的深度挖掘，形成优化决策。例如，上海隧

道工程股份有限公司通过与寄云合作，借助平台采集工业检测设备中的各类图像、距离、位置、转速、倾角、压力、流量、扭矩、功率等全部数据，基于岩土知识、功率曲线、扭矩曲线、屈服强度等工业知识和机理标记（或提取）异常信息，对历史数据进行特征提取与模型训练，再接入实时数据进行异常预警，从而解决盾构硬岩掘进机 TBM 在施工过程中的难题，突破传统解决方案的极限。随着融合的不断深化，基于精确建模、高效分析、实时优化的数字孪生快速发展，能够实现对工业对象和工业流程的全面洞察。东方国信基于非稳态、多相、多物理场的数值模拟仿真技术、热力学和动力学模型及工业大数据分析技术等，建立虚实映射、实时监控、智能诊断、协同优化的数字孪生，实现对工业实体设计和工艺流程的仿真及优化，在炼铁、工业锅炉、水电、空压机、能源等多个行业或领域得到应用。

数据孪生的探索刚刚起步，逐步成为大部分平台建模和模型管理的核心理念。大部分平台的数字孪生主要集中于对设备的实时状态描述，微软 Azure IoT、亚马逊 AWS IoT 等平台构建描述设备状态的数字孪生模型，根据实时数据调整设备状态，为平台的上层应用提供准确信息。部分平台扩展定义数字孪生模型间的相关关系，更好地体现真实世界的复杂性。博世 IoT 平台集成 Things 组件，在实时描述设备状态的同时，还可以描述模型间的关联和层次关系，有效地支撑设备监控、预测性维护、质量和流程优化等分析应用。少数平台进一步将机理模型整合到数字孪生模型，支撑复杂数据的分析。 Predix 将数字孪生定义为"设备状态数据+分析"，基于 ANSYS CAE 仿真模型，构建风力涡轮机的数字孪生分析系统，融合机理公式和设备信息模型，支持运营优化和预测性维护服务。ThingWorx 集成 Creo Product Insight 功能，用工业现场数据驱动 CAD 模型，实现更精确的运动仿真。未来，面向工厂业务的数字孪生应用将成为平台创新热点，支撑整体优化。西门子与 Bentley Systems 合作发布 PlantSight 数字孪生云服务，为工厂建立全面、完整、实时同步的数字孪生模型，所有业务功能和分析工具可以获得统一的实时数据，支撑全厂系统优化。目前 MindSphere 正在与 PlantSight 进行整合，支撑资产性能管理应用。

3.7.6　平台聚焦工业特色需求，强化工业数据管控能力

开源工具无法完全满足工业数据处理需求，平台普遍开展定制化开发以提升数据处理效率，数据质量控制成平台核心竞争力。寄云整合 Kafka、Flume 等开源技术，自研数据转换、背压、回补等工具，确保实时数据的摄入质量。Thingswise 数据处理引擎可以基于元数据、既定规则和场景信息进行数据质量处理，用户可以根据工业知识指导更精准的数据筛选。Predix 整合 Elasticsearch 等开源技术和 Top Data Science 等第三方企业服务，提供快速搜索、二进制解码、动态时间规整等十余种数据管理工具。面向工业时序数据特点，平台普遍集成时序数据库，大幅提升工业数据的读/写性能。微软、亚马逊、谷歌、阿里等大型公有云普遍推出时序数据存储服务，为工业互联网平台提供时序数据的低成本长期存储。Predix 和 MindSphere 均以 API 的形式对用户开放时序数据存储服务。为更好地满足工业数据实时和并发处理需求，清华大学开发了时间序列数据库 IoTDB，与通用时序数据库相比，大幅提升了数据的写/存/读性能，未来有望与多个平台集成。批处理与流处理融合（简称批流融合处理）能够更好地支撑生产数据和业务数据的综合分析，成为平台探索的热点。ThingWorx 与 Hortonworks 数据管理平台集成，整合了 HDFS、Yarn 等开源框架，

支持时序数据、资产数据、过程数据、工单数据等海量多源异构工业数据的统一存储与分析，为机器学习和实时流分析构建共性基础。未来，Spark、Flink 等开源框架将继续向工业领域渗透，推动更多平台应用批流融合处理架构。

3.7.7 实时分析与人工智能成为平台数据分析技术的创新热点

工业现场的实时性业务需求驱动平台大力发展实时流分析能力。Thingswise 开发了面向流数据的模式识别技术，基于简单规则、复杂规则、算法模型，综合识别事件原因并触发相关操作，更好地支撑设备状态检测、故障报警等应用。博世 IoT 与 Software AG 合作，基于 APAMA 实时分析决策引擎，监控工业设备的地理位置和运动特征，分析异常情况并即时处理。Predix 集成 SAS 事件流分析工具，支持并行、串行和递归等流数据分析算法，为列车运行优化、车队运行优化、产品质量分析等提供毫秒级决策建议。人工智能技术进一步扩大了平台处理工业问题的深度和广度，部分平台聚焦专业领域，整合 Spark、TensorFlow 等开源工具提供成熟的工业智能分析商业方案。Uptake 聚焦预测性维护领域，开发了机器学习引擎，提供故障预测、噪声过滤、图像分析、异常检测、动态规划等功能，提高石油钻井平台、风力涡轮机、工程机械等资产运行效能。Maana 聚焦石油和天然气领域，梳理领域知识打造知识图谱，与机器学习模型相结合，为 GE、壳牌、阿美等石油巨头提供决策和流程优化建议。

3.7.8 平台贴近工业实际，完善工具不断提高工业数据易用性

平台加快集成工业组态和可视化监控服务，提供更加直观且高效的工业数据展示。阿里云将数据可视化技术与传统 SCADA（数据采集与监视控制系统）组态技术结合，支持全企业信息汇聚与统一监控运维，实现对远程设备状态的监控和控制指令下达。Predix 集成 Tableau 数据可视化工具，直观地展示飞机引擎、机身、襟翼、起落架的运行数据和地面操作、维护、人员的状态数据。数据建模与分析工具向组件化和图形化发展，大幅降低数据科学应用门槛。天泽智云将快速傅里叶变换、小波分析、主成分分析等特征提取算法，分类、聚类、回归、插值与拟合等建模工具，以及风电、旋转机械、电池等行业建模经验封装为平台组件，支持拖曳式建模，降低用户建模门槛。平台强化对 AR/VR 工具的集成，使数据分析的结果由"抽象"到"具象"。西门子 MindSphere 将 VR（虚拟技术）及 AI（人工智能）技术引入汽车设计与生产过程，实现实时模拟与调整。博世 IoT 交互式投影模块通过检测用户手势实现虚拟交互。达索 3D EXPERIENCE 平台 3D 设计与工程应用套件支持用 AR/VR 方式查看项目，在设计或工程中实现沉浸式的互动体验。SAP、PTC ThingWorx、AWS IoT 也在平台中集成 AR/VR 技术，增强用户体验，提升产品设计、制造和服务等方面业务能力。从长期看，数据管理、分析、展示工具功能向平台不断沉淀，可能催生工业数据中台，有望大幅降低数据分析门槛，提升数据分析效率。

第四章

工业互联网平台标准体系

4.1 工业互联网平台标准体系

结合工业互联网平台功能架构，工业互联网平台标准体系包括总体标准、基础共性支撑标准、应用服务标准三大类标准，如图4-1所示。

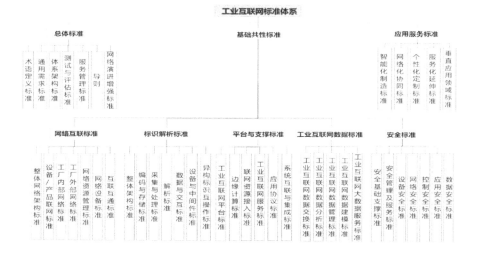

图 4-1 工业互联网平台标准体系

4.2 工业互联网平台细化标准

4.2.1 总体标准

总体标准是规范工业互联网的总体性、通用性、指导性标准，主要包括术语定义标准、需求标准、体系架构标准、测试与评估标准、服务管理标准、安全防护标准等。

（1）术语定义标准用于统一工业互联网平台的主要概念认识，为其他工业互联网平台相关标准中的术语定义提供依据和支撑。该标准主要涉及工业互联网领域下的场景、技术、业务等主要概念分类和汇总、新概念定义、旧术语完善、相近概念之间关系表示等。

（2）通用需求标准基于工业互联网平台应用场景的收集，提取工业互联网平台功能、性能、服务等需求，以指导平台架构设计。

（3）体系架构标准用以明确和界定工业互联网平台的范畴、各部分的层级关系和内在联系，包括工业互联网平台通用分层模型、总体架构、核心功能、不同层级和核心功能之间的关系，以及工业互联网平台共性能力要求等。

（4）测试与评估标准针对工业互联网平台技术、产品的测试进行规范，对平台的运行部署和服务提供开展评估，包括测试方法、可信服务评估评测、应用成熟度评估评测等。

（5）服务管理标准用于规范工业互联网平台的建设及运行、工业互联网平台企业服务行为，包括工业互联网平台运行管理、服务管理等方面标准，以及针对企业的管理机制。

（6）安全防护标准主要用于规范工业互联网平台的安全防护要求，包括工业数据安全、工业云安全、工业应用安全、平台安全管理等标准。

① 工业数据安全标准用于规范工业互联网平台所承载的数据的相关安全要求，包括工业互联网平台数据采集、传输、存储、使用过程的安全要求，保障数据全生命周期的机密性和完整性。

② 工业云安全标准用于规范支撑工业互联网平台的工业云基础设施的安全要求，包括工业云的虚拟化安全、API（应用程序编程接口）安全、计算及存储资源安全等。

③ 工业应用安全标准用于规范工业互联网平台智能应用层的智能化生产、网络化协同、个性化定制、服务化延伸等应用服务安全，包括支撑各种应用的软件、App、Web 安全等。

④ 平台安全管理标准用于规范工业互联网平台相关的安全管理及服务要求，包括风险管理、责任管理、资产管理、运维管理、供应链管理、风险评估、安全评测、应急响应等相关要求。

4.2.2 基础共性标准

1. 网络互联标准

网络互联标准主要用于规范网络互联所涉及的关键技术、设备及组网，包括整体网络架构、设备/产品联网、工厂内部网络、工厂外部网络、网络资源管理、网络设备、互联互通等标准。

（1）整体网络架构标准主要规范工厂内部不同层级网络互联架构，以及工厂与设计、制造、供应链、用户等产业链各环节之间的互联架构。

（2）设备/产品联网标准主要定义设备/产品联网所涉及的功能、接口、通信协议、数据交换、时钟同步等要求。

（3）工厂内部网络标准主要包括设备、控制系统、信息系统之间的网络互联标准，包括工业无线网络、工业以太网、工业 PON（无源光纤网络）、时间敏感网络、软件定义网络、低功耗无线网络等标准。

（4）工厂外部网络标准主要包括工厂外部网络架构，工业虚拟专用网络（VPN）等标准。

（5）网络资源管理标准主要包括工业互联网 IPv6 地址管理规划、工业环境的无线频谱规划。

（6）网络设备标准主要包括工业网关、工业交换机、芯片及通信模块等标准。

（7）互联互通标准主要是跨不同管理域互通时涉及的标准，包括互联互通架构、互联互通设备及互联互通管理所涉及的相关标准。

2. 标识解析标准

标识解析标准主要包括整体架构标准、编码与存储标准、采集与处理标准、解析标准、数据与交互标准、设备与中间件标准、异构标识互操作标准等。

（1）整体架构标准主要用于规范工业互联网标识解析体系的组网架构和分层模型，定义标识解析所涉及的各种功能主体和信息对象，以及注册、解析、查询、搜索等标识服务应具备的共性能力。

（2）编码与存储标准主要用于规范工业互联网标识的编码方案，包括编码长度、编码格式、分配原则，以及标识编码在条码、二维码、射频标签等各种载体中的具体存储方式。

（3）采集与处理标准主要用于规范工业互联网标识数据的采集方法，包括存储标识的载体设备与可读取标识的识读器设备之间、识读器设备与中间件设备之间、识读器设备/中间件设备与信息服务器之间的通信协议，以及识读器设备/中间件设备对标识数据的过滤、去重等原始数据处理方法。

（4）解析标准主要定义工业互联网标识解析系统的架构、实现流程、解析查询数据报文格式、响应数据报文格式、通信协议等。

（5）数据与交互标准主要用于规范工业互联网标识服务所涉及标识的映射记录数据格式、产品信息元数据格式等。

（6）设备与中间件标准主要用于规范工业互联网标识解析服务设备所涉及的功能、接口、协议、同步等要求。

（7）异构标识互操作标准主要用于规范多种不同工业互联网标识解析服务之间的互联互通和互操作的实现方式、交互协议、数据互认等。

3. 平台与支撑标准

平台与支撑标准主要包括工业互联网平台标准、边缘计算标准、

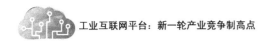

联网资源接入标准、工业互联网服务标准、应用协议标准、系统互联与集成标准等。

（1）工业互联网平台标准包括工业互联网平台通用要求，涉及工厂内部和工厂外部工业互联网平台标准，对平台相关的功能、性能、安全、服务运维、数据保护、开放能力等要求进行规范。

（2）边缘计算标准包括边缘计算参考架构，边缘计算应用域、数据域、网络域的开放接口与服务标准，边缘计算开放平台、边缘计算网关等设备标准，边缘计算与云计算协同等标准。

（3）联网资源接入标准主要用于规范工业互联网平台对工厂内部各联网要素（如原材料、在制品、设备、产品、工业控制系统、工业IT系统），以及工厂外部联网要素（如设计、仿真、供应链、工业互联网应用系统等）资源和能力的接入，包括对这些资源和能力的分类、规范化描述、资源调用方式等。

（4）工业互联网服务标准主要用于规范工业互联网平台提供的服务，包括服务发布、服务管理等标准。

（5）应用协议标准主要用于规范工厂内各生产设备、工业控制系统和工业IT系统间的数据集成和传送协议，以及从生产设备、工业IT系统到工厂外云平台间的数据集成和传送协议。

（6）系统互联与集成标准主要用于规范设备、产品、工业控制系统、工业IT系统、工业互联网应用等之间的互联和互操作，以保证数据在这些要素之间交互，包括集成方式、互操作能力描述、模板规范等标准。

4. 工业互联网数据标准

工业互联网数据标准主要包括工业互联网数据交换标准、工业互联网数据分析标准、工业互联网数据管理标准、工业互联网数据建模标准、工业互联网大数据服务标准。

（1）工业互联网数据交换标准是关于设备、产品等终端节点及各种工业系统（包括工业控制系统、工业 IT 系统、工业互联网平台、工业互联网应用）之间，以及不同工业系统之间数据交换体系架构、互操作、性能等标准。

（2）工业互联网数据分析标准主要用于规范工业互联网数据分析的流程及方法，为工业互联网数据分析及其实施提供指导，包括一般数据分析流程及典型场景下数据分析可以使用的工具等标准。

（3）工业互联网数据管理标准主要用于规范工业互联网数据的存储结构、数据字典、元数据、数据质量要求、数据生命周期管理要求等，包括基于云平台的工业互联网数据管理标准及传统架构下的工业互联网数据管理标准。

（4）工业互联网数据建模标准主要用于规范物理实体（在制品、设备、生产线、成品等）在网络空间中的映像及相互关系，包括静态属性数据描述、运行状态等动态数据描述，以及物理实体之间相互作用及激励关系的规则描述等。

（5）工业互联网大数据服务标准主要用于规范工业互联网平台运用大数据能力对外提供的服务，包括大数据存储服务、大数据分析服务、大数据可视化服务、数据建模及数据开放等标准。

5. 安全标准

安全标准主要包括安全基础支撑标准、安全管理及服务标准、设备安全标准、网络安全标准、控制安全标准、应用安全标准、数据安全标准。

（1）安全基础支撑标准主要是关于工业互联网基础共性的安全技术的标准，包括安全术语和定义、安全模型、安全框架、安全算法和协议等标准。

（2）安全管理及服务标准主要用于规范工业互联网相关的安全管理及服务要求，包括风险管理、责任管理、风险评估、安全评测、应急响应等标准。

（3）设备安全标准主要用于规范工业互联网智能装备、智能产品等在设计、研发、生产制造以及运行过程中的安全要求，包括芯片安全、嵌入式操作系统安全、应用软件安全等标准。

（4）网络安全标准主要用于规范承载工业智能生产和应用的工厂内网和工厂外网相关的网络安全要求，包括网络接入安全、网络传输安全、网络安全监测等标准。

（5）控制安全标准主要用于规范与工业互联网控制相关的安全要求，包括控制协议安全、控制系统安全、控制软件安全等标准。

（6）应用安全标准主要用于规范与工业互联网业务应用相关的安全要求，包括工业云安全、网络化协同安全、产品服务安全、个性化定制安全等标准。

（7）数据安全标准主要用于规范与工业互联网数据相关的安全要

求，包括工业大数据安全、用户数据安全等标准。

4.2.3 应用服务标准

应用服务标准主要用于规范工业企业生产、管理、服务等环节的关键应用服务，如研发设计、生产制造、供应链和物流、产品运维等，包括服务功能、接口、配置等要求，以及面向垂直行业围绕产业链上下游协作，提供新型的应用服务，如设备状态分析、供应链分析等，包括服务功能、接口、配置等要求。

应用服务标准主要包括智能化制造标准、网络化协同标准、个性化定制标准、服务化延伸标准和垂直应用领域标准。应用服务标准应在总体标准和基础共性标准基础上，制定通用性应用标准和针对不同行业、不同应用场景标准。

（1）智能化制造标准：制定智能化生产应用导则,面向工业企业的生产制造环节,制定应用标准、业务流程标准、技术和产品标准、安全标准、管理标准、测试与评估标准等。

（2）网络化协同标准：制定网络化协同应用导则,针对协同设计、协同制造、供应链协同等场景，制定应用标准、业务流程标准、技术和产品标准、安全标准、管理标准、测试与评估标准等。

（3）个性化定制标准：制定个性化定制应用导则,针对不同行业、不同应用场景、不同客户需求,制定应用标准、业务流程标准、技术和产品标准、安全标准、管理标准、测试与评估标准等。

（4）服务化延伸标准：制定服务化延伸应用导则，针对产品远程

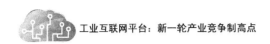

运维、基于大数据的增值服务等典型场景，制定应用标准、业务流程标准、技术和产品标准、安全标准、管理标准、测试与评估标准等。

（5）垂直应用领域标准：面向垂直应用领域，制定综合性的应用、业务流程、技术和产品、安全、管理、测试与评估相关的标准。

4.3　工业互联网平台标准现状

当前，工业互联网平台尚处于发展初期，工业互联网平台标准缺失，同时人工智能、边缘计算、微服务等新技术新理念不断被引用，跨界融合与全球竞争正在加剧，对工业互联网平台标准化提出了很多新的挑战。

从全球来看，工业互联网平台凭借自身对数据、服务、用户等各种资源的汇聚作用，成为产业界关注的焦点，制造企业、互联网企业和传统信息通信企业纷纷推出各自的工业互联网平台产品，业界尚未形成公认的工业互联网平台标准，面向工业需求的平台的功能、接口、数据管理与服务、性能、安全可信等方面的要求尚不明确。我国工业互联网标准化还处于刚刚起步阶段，相关标准组织大多采取自上而下的设计方法，将工作重点放在路线战略、参考架构、需求用例、测试床等方面，依据情况再开展其他具体的标准化工作。

工业互联网平台是互联网资源与工业系统资源对接的枢纽，是信息技术与运营技术跨界融合的关键基础设施，其技术标准的制定需要垂直行业领域、信息和通信技术（ICT）领域、工业领域的专家协作

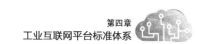

进行，并加速迭代创新。

（1）美国工业互联网联盟（IIC）推动工业互联网标准化。IIC正以参考架构为引领，通过企业自主设立的应用案例组织垂直领域应用探索，支持建立测试床提供验证支撑，并借助其他标准组织力量，推动工业互联网加快落地。IIC发布了参考架构V 1.0，包括商业视角、使用视角、功能视角和实现视角4个层级，其功能架构确定了商业、运营、信息、应用和控制五大功能领域，以及系统安全、信息安全、弹性、互操作性、连接性、数据管理、高级数据分析、智能控制、动态组合九大系统特性。在功能架构基础上，IIC进一步确定了由边缘层、平台层和企业层组成的系统架构，以及各层所包含的软硬件系统和网络。当前，IIC正致力于参考架构的完善和细化。

（2）德国建立"工业4.0平台"推进顶层规划。德国于2013年12月发布了《"工业4.0"标准化路线图》，提出有待标准化的12个重点领域，包括体系架构、用例、概念、安全等交叉领域、流程描述、仪器仪表和控制功能、技术和组织流程、数字化工厂等。2015年4月发布的《工业4.0实施战略》为工业4.0概念提供直观展示，同时也将需要制定的标准数量进一步聚焦到网络通信标准、信息数据标准、价值链标准、企业分层标准等。

（3）国际电工委员会（IEC）成立专门工作组，开展策略研究和标准研制。为更有效地对接工业4.0的标准化需求，IEC陆续成立了一系列专门工作组，包括IEC/SMB/SG8工业4.0战略研究组和IEC/MSB未来工厂白皮书项目组等，开展与智能制造/工业4.0相关的战略研究、体系构建和技术标准研制。

（4）我国启动了智能制造综合标准化研究工作。为推进我国智能

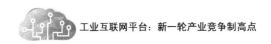

制造标准化工作，自 2015 年 2 月以来，在工信部装备的指导下，智能制造综合标准化工作组成立。目前该工作组已经形成《智能制造综合标准化体系建设指南》，智能制造标准立项及研制工作也逐渐启动并全面展开。

4.4　工业互联网平台标准发展趋势

当前，全球工业互联网平台相关标准竞争加剧。围绕平台相关的接口协议、数据互认等标准，正在成为全球标准化布局的重点，人工智能、边缘计算等创新领域全球标准化布局加剧，开源理念正在向工业互联网平台延伸。我国亟须围绕工业互联网平台相关的技术标准，加紧战略布局，加快标准化进程，协同推进国内国际标准研制。

4.4.1　建设平台标准体系的重要性

当前，全球工业互联网正加速深化发展，工业互联网平台凭借自身对资源的汇聚作用及生态构建能力，具有天然的垄断性和依赖性，正成为全球产业界布局的关键方向。一是装备制造和自动化巨头发挥工业制造技术、产品、经验和数据等积累优势，纷纷推出工业互联网平台；二是信息通信企业依托云计算、大数据、物联网、人工智能等领域技术产业优势，着力将各自已有的平台产品向工业领域延伸，增强平台对工业互联网的兼容和支撑。与此同时，为了快速产品迭代，不同的平台厂家之间也不断加深合作，形成强强联合的格局。从平台发展的整体情况来看，当前全球的工业互联网平台尚处于发展初期，各种平台独立发展，与平台研发、建设、运行和服务相关的技术标准和规范尚未建立，无法满足平台长期有序发展的需求。

建设平台标准体系面临一些问题：一是工业互联网平台标准尚缺少顶层设计指导。2016 年，中国工业互联网产业联盟发布了《工业互联网标准体系框架（1.0 版）》。其中，平台与支撑标准是工业互联网标准体系框架中重点标准化方向之一，平台面向不同的工业应用场景提供服务，在业务需求、架构、功能、接口、应用等方面涉及众多关键技术，亟须在工业互联网标准体系框架的总体指导下，针对工业互联网平台制定细化的标准框架，明确工业互联网平台发展的总体思路、基本原则、重点标准化方向及标准化推进建议等。二是支撑工业互联网平台发展的关键技术标准亟须加快研制。当前，由于数据采集接口、数据转换与互认、应用开发部署、应用系统间互操作等有关平台发展的关键技术还缺乏统一的标准，各个平台各自为阵，制约了平台规模化发展。同时，当前全球工业互联网平台相关标准竞争加剧，与平台相关的接口协议、数据互认等标准，正在成为全球标准化布局的重点，人工智能、边缘计算等创新领域全球标准化布局加剧，开源理念正在向工业互联网平台延伸。我国亟须围绕工业互联网平台相关的技术标准，加紧战略布局，加快标准化进程，协同推进国内国际标准的制定。《国务院关于深化"互联网+先进制造业"发展工业互联网的指导意见》（以下简称《指导意见》）在基本形势部分强调，"标准体系不完善"是我国工业互联网发展与发达国家相比的重要差距之一。平台作为工业互联网的核心功能体系，急需完善标准体系建设，加快相关关键技术标准的制定。

4.4.2 平台标准体系构建思路和目标

《指导意见》在指导思想、基本原则、主要任务中将"构建工业互联网标准体系"作为"工业互联网发展 323 行动"的重要内容，在标准制定、试验与验证工程方面明确了建立工业互联网标准体系，开发工业互联网平台等基础共性标准的目标。

当前应抓住新一轮科技革命和产业变革契机，紧密结合我国工业互联网平台发展及标准化需求，建立统一、综合、开放的工业互联网平台标准体系，明确工业互联网平台重点标准化领域和方向，协同推进国际标准制定，为我国工业互联网平台有序、快速发展提供支撑和保障。

（1）统筹规划，做好顶层设计。加强工业互联网平台标准体系框架设计及标准化工作的组织实施，明确重点标准化领域和方向，有效指导工业互联网平台国家标准、行业标准、团体标准等相关标准化工作。

（2）以需求为牵引，推进产业发展。坚持以应用需求为牵引，强化标准的先进性、适用性和有效性，结合产业共性需求进行规划部署，阶段性推进重点工作，强化基础共性、尽快制定产业标准。

（3）优化迭代，逐步改进完善。适应工业互联网平台发展和竞争需求，采用边部署实施、边创新发展、边完善管理的总体思路，协同推进标准制定，持续完善标准体系。

（4）兼容并蓄，深化国际合作。加强我国工业互联网平台技术创新成果向国际标准的转化，充分借鉴国际工业互联网平台技术和标准化成果，协同推动国内国际标准的制定。

4.4.3　工业互联网平台标准发展趋势

加快推进工业互联网平台建设及推广，应着力从标准体系建设、试验与验证、国际化三个方面进行部署，构建平台发展内生动力。

构建工业互联网平台标准体系，加快制定产业急需的工业互联网平台关键技术标准。结合工业互联网平台功能架构，工业互联网平台标准框架可以划分为总体标准、平台共性支撑标准、应用服务标准三大类。总体标准主要包括工业互联网平台定义术语、业务需求、体系架构、测试评估、管理服务、安全防护等规范工业互联网平台的总体性、通用性、指导性标准；平台共性支撑标准主要包括平台边缘连接标准、平台云资源标准、平台数据标准、平台管理服务标准、平台互联标准等规范工业互联网平台的基础共性标准；应用服务标准主要包括面向汽车、航空航天、石油化工、机械制造、轻工家电、信息电子等垂直行业领域的工业互联网平台应用服务标准。现阶段，亟须集合产业力量攻关平台关键技术标准的制定。

开展工业互联网平台标准制定、试验与验证工程。工业互联网平台是互联网资源与工业系统资源对接的枢纽，是信息技术（IT）与运营技术（OT）跨界融合的关键基础设施，其技术标准制定需要垂直领域、信息通信领域（ICT）、工业领域专家协作开展，并加速迭代创新，应充分发挥工业互联网产业联盟（AII）等组织的产业生态纽带的平台作用，促进产、学、研、用跨界融合深度协作形成产业协同合

力，同步推进工业互联网平台标准内容的试验与验证，推进工业互联网平台技术标准、产品、系统和应用的试验与验证环境建设，加快工业互联网平台相关技术标准及产品的推广应用。

引导产业积极参与国际标准化工作。积极引导我国科研院所、工业互联网平台建设运营企业、智能设备研发企业等工业互联网平台生态体系利益攸关方，积极参与国际标准化组织、协会、联盟的标准化工作，加强与国际领先工业互联网平台企业、国际组织的交流与合作，共同制定工业互联网平台服务标准规范和国际规则，在多边、民主、透明的工业互联网国际治理体系下，推进全球工业互联网平台有序健康发展。

第五章

工业互联网平台产业生态

5.1 工业互联网平台产业体系

工业互联网平台产业发展涉及多个层次、不同领域的多类主体。在产业链上游，云计算、数据管理、数据分析、数据采集与集成、边缘计算五类专业技术型企业为平台构建提供技术支持。在产业链中游，装备与自动化、工业制造、信息通信技术、工业软件四大领域的领先企业加快平台布局。在产业链下游，垂直领域用户和第三方开发者通过应用部署与创新，不断为平台注入新的价值。工业互联网平台产业体系如图 5-1 所示。

图 5-1　工业互联网平台产业体系

5.1.1 信息技术企业提供通用使能工具，成为平台建设的重要支撑力量

信息技术企业提供关键技术，以"被集成"的方式参与平台构建。主要包括五类企业：一是云计算企业，提供云计算基础资源能力及关键技术支持，典型企业如亚马逊、微软、Pivotal、Vmware、红帽等。二是数据管理企业，提供面向工业场景的对象存储、关系数据库、NoSQL 数据库等数据管理和存储的工具，典型企业如 Oracle、Apache、Splunk 等。三是数据分析企业，提供数据挖掘方法与工具，典型企业如 SAS、IBM、Tableau、Pentaho、PFN 等。四是数据采集与集成企业，为设备连接、多源异构数据的集成提供技术支持，典型企业如 Kepware、NI、博世、IBM 等。五是边缘计算企业，提供边缘层的数据预处理与轻量级数据分析能力，典型企业如华为、思科、英特尔、博世等。

5.1.2 平台厂商通过整合资源实现平台构建，发挥产业主导作用

平台企业以集成创新为主要模式，以应用创新生态构建为主要目的，整合各类产业和技术要素实现平台构建，是产业体系的核心。

目前，平台企业主要有以下四类：

（1）装备与自动化企业，从自身核心产品能力出发构建平台，如 GE、西门子、ABB、和利时等。

（2）生产制造企业，将自身数字化转型经验以平台为载体对外提供服务，如三一重工/树根互联、海尔、航天科工等。

（3）工业软件企业，借助平台的数据汇聚与处理能力提升软件性能，拓展服务边界，如 PTC、SAP、Oracle、用友等。

（4）信息技术企业，发挥 IT 技术优势将已有平台向制造领域延伸，如 IBM、微软、华为、思科等。

5.1.3 应用主体以平台为载体开展应用创新，实现平台价值提升

工业互联网平台通过功能开放和资源调用大幅降低工业应用创新门槛，其应用主体分为两类：

（1）行业用户在平台使用过程中结合本领域工业知识、机理和经验开展应用创新，加快数字化转型步伐。例如，全球研磨机械制造商格林公司基于西门子 MindSphere 平台，开发服务于机床的工业 App，实现对刀具磨损状态的精准预测和适时更换。

（2）第三方开发者能够依托平台快速创建应用服务，形成面向不同行业不同场景的海量工业 App，提升平台面向更多工业领域服务的能力，典型企业如 Webalo、Bearing Point、ThetaRay、NEC、Pitney Bowes 等。

5.2　工业互联网平台布局路径

自 2013 年以来，工业互联网平台的理念和重要性逐渐被产业界所认识，全球各类产业主体积极布局，工业互联网平台已经进入全面爆发期。根据咨询机构 IoT Analytics 的统计，目前全球工业互联网平台数量超过 150 个。自 2017 年以来平台发展步入快车道，仅我国就有数十个平台产品发布。综合国内外平台企业布局策略来看，目前主要有四种路径。

5.2.1　装备和自动化企业凭借工业设备与经验积累，依托工业互联网平台创新服务模式

装备制造和自动化企业在工业现场沉淀了大量生产设备与工业系统，在其几十年的创新探索中也形成了丰富的工业知识、经验和模型。这些企业正借助平台化布局，实现底层设备数据的采集与集成，以及工业知识的封装与复用，并以此为基础形成创新型的服务模式。目前，这些企业在平台构建中主要有两种方式。部分企业通过将现有工业应用向云端迁移，构建应用服务平台，实现应用的灵活部署与调用。例如，ABB 利用微软的云基础设施，通过 Ability 平台提供资产性能管理、能耗评估、分布式能源管理、工厂建模与仿真等云端服务。与之类似的还有施耐德 EcoStruxure 平台、发那科 FIELD System 平台、和利时 HiaCloud 平台等。另一部分企业则直接采用 PaaS、微服务等

新型架构搭建平台，为应用开发提供更好的能力支持，在提供自身平台服务的同时，着力打造繁荣的第三方应用创新生态。例如，GE 基于开源 PaaS 架构 Cloud Foundry，构建 Predix 平台，并通过集成微服务架构等方式为应用开发者提供支持，实现智能应用的快速构建、测试和部署。三一重工依托其设备管理经验孵化专注工业互联网平台建设的树根互联，基于开源 Docker 技术构建 PaaS 平台，具备灵活的应用开发及部署能力，提供资产管理、预测性维护、产品全生命周期管理、产业链金融和模式创新等工业应用服务。

5.2.2　领先制造企业将数字化转型经验转化为服务能力，构建工业互联网平台

领先制造企业凭借自身在数字化转型过程中的成功经验，围绕生产优化、用户定制、资源整合等方面提供平台化服务，形成了多种创新模式。部分消费品生产企业基于个性化定制生产模式构建工业互联网平台，实现用户需求、设计资源与生产能力的全面打通。例如，海尔的 COSMOPlat 平台，将顾客需求、产品订单、合作生产、原料供应、产品设计、生产组装和智能分析等环节互联，进行实时通信和分析，以满足规模化定制需求。部分集团型制造企业凭借其资源整合经验，通过平台汇聚产业链上下游各环节资源，为企业提供供需对接、协同设计、制造协同等智能化应用。例如，航天云网 INDICS 平台会聚了超过 100 万以上家企业，并在此基础上提供供需对接、智能工厂改造、云制造和资源共享等服务，目前已为近千家行业用户提供线上服务。

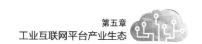

5.2.3　软件企业围绕自身业务升级需求，借助工业互联网平台实现能力拓展

软件企业通过布局工业互联网平台，全面获取生产现场数据和远程设备运行数据，并通过这些数据与软件的结合，提供更精准的决策支持并不断丰富软件功能。其中，管理软件企业依托平台实现从企业管理层到生产层的纵向数据集成，提升软件的智能精准分析能力。如SAP HANA 平台，能实现对数据库的建模、配置、监控、告警和管理。应用层基于 SQL、MDX、BICS 接口，接入 BI（商业智能）分析、数据复制等应用软件。设计软件企业借助平台获取全生命周期数据，提升软件性能，进而形成基于数字孪生的创新应用。例如，PTC Thingworx 平台基于大量的设计模块，实现产品研发设计，极大地缩短了设计研发周期。同时，平台基于 CAD 产品数字模型和由 Vuforia技术集成的 ThingWorx Studio 增强现实开发环境和网络体验服务，以及数字孪生服务（Digital Twin）实现对产品生产的全生命周期管理。

5.2.4　信息技术企业发挥技术优势，将已有平台向制造领域延伸

信息技术企业在其现有通用技术平台基础上，不断拓展面向工业场景的应用服务能力，同时加强与制造企业合作，实现平台的定制化集成和应用部署。云计算、大数据企业凭借运营及数据服务能力，通过强化工业连接及工业分析构建平台。例如，IBM Bluemix 平台与博

世合作，在平台部署博世物联网套件服务，进而帮助 IBM 提升底层设备物联及数据采集能力，并基于数据实现高级设备管理服务和云计算软件更新。微软 Azure IoT 平台则重点打造远程设备监控、预测性维护、工厂联网与可视化等服务能力，提升对制造场景的支持能力。通信企业依托数据采集与网络互联优势构建物联管理平台，并不断提升工业数据处理能力。华为的 OceanConnect 平台借助网关设备、软件 Agent 和物联网管理系统，实现各类底层数据采集和集成，并通过提供 API（应用程序编程接口）、开发套件与数据分析服务，形成行业智能应用。

5.3　工业互联网平台主体格局

5.3.1　巨头通过打造一体化平台服务构建综合性竞争优势

西门子、达索公司已经具备涵盖设计仿真、工艺设计、生产管控、资产运维、经营管理等全流程的数字化解决方案提供能力，在其工业互联网平台建设过程中，正探索将这些能力向平台迁移，并通过各类业务的有效衔接和快速集成，构筑可实现低成本、敏捷交付的一体化服务应用。例如，达索公司在其 3D EXPERIENCE 平台的建设规划中，计划将其现有的 CATIA、SolidWorks 等设计与制造辅助软件、DELMIA、SIMULIA 等仿真验证软件、ENOVIA 产品全生命周期管理软件、Apriso 生产管理软件、IQMS 运营管理软件、EXALEAD 大数据分析等工具全面向平台迁移，从而构建起从产品研发设计、生产运营管理、工厂规划运维到商业智能决策的全套智能化解决方案。与达索公司类似，西门子也具备包含 CAD、CAE、CAPP、CAM、PLM、MES、事件仿真和大数据分析的全套数字化解决方案能力。而且，西门子在工业自动化领域处于全球领先地位，在现场数据采集与接入方面具有天然优势。未来随着 MindSphere 平台的建设和完善，西门子很有可能打造出更加全面的平台解决方案。

PTC 公司在平台构建中，积极通过股权投资等方式与其他龙头企业实现更深层次的合作，从而弥补自身在生产和运营方面的短板，力图共同构建覆盖多领域的平台服务。例如，PTC 公司和罗克韦尔公司通过 10 亿美元的股权投资形成战略合作，未来将依托 PTC 的 Thingworx 平台，构建起涵盖数字化设计（Creo）、产品全生命周期管理（Windchill）、生产管理（FactoryTalk）、现场数据采集（Kepware、Axeda）、大数据分析（Coldlight、FactoryTalk Analytics）与增强现实交互（Vuforia）的综合解决方案。PTC 公司还积极与 ANSYS 公司合作，探索将其仿真工具部署至 ThingWorx 平台，进一步丰富平台的服务能力。

虽然当前上述巨头的一体化布局进程尚未最终完成，但是这种平台发展策略将消解平台应用的集成成本和业务流程规划成本，形成强大的综合性竞争优势。未来，较低的交付成本还使其有能力从行业头部客户向中低端市场延伸，进一步扩大市场规模。

5.3.2　工业企业借助平台保护原有业务领域的核心竞争优势

装备制造企业立足产品优势，叠加以数据分析为核心的服务能力，进一步巩固自身市场优势地位。例如，安川电机公司的 MMCloud 平台能够实现对机器人、机床等设备数据的深层次采集，并且依托平台的智能分析帮助客户减少核心设备的停机时间。库卡推出 KUKAConnect 平台，主要为机器人添加状态监控、设备维护提醒、实时故障诊断等服务。亚威机床公司推出智云工业互联网平台，主要为机床添加状态监控、设备维护提醒、实时故障诊断等服务。部分领先的装备制造企业以这一方式重构自身的业务体系，实现向数字化服务企业的转型。例如，GE 将软件与数据分析作为企业的战略核心，基于 Predix 平台整合 Proficy、APM、OPM、iFIX、Historian 等软件服务，为各个业务部门的数字化转型提供驱动力量。

工业软件企业将传统软件能力转化为平台 PaaS 及 SaaS 服务，以低成本、灵活交付优势吸引更多用户。同时，借助平台提升数据采集及分析能力，创造更高价值。一方面，用友、金蝶、ANSYS、Infor 等软件厂商已将其核心软件产品向云端迁移。其中，ANSYS 推出云仿真解决方案，Infor 将 ERP 进行云化，并叠加了人工智能分析功能，用友、金蝶等软件厂商已将 ERP 及其他部分软件业务云化，以上四家家企业均意图用订阅模式来降低自身的服务成本和用户的应用成本，吸引众多中小企业客户使用其软件服务。另一方面，Altair 在对其 CAD、CAE、PDM 云化的基础上，推出具备设备连接和数据处理分析功能的 Altair SmartCore 平台，并能够与其他的设计产品集成，从而提升服务水平。Autodesk 借助 Fusion Connect 平台驱动"闭环设计"，利用传感器数据支撑其提供更好的 CAD、PLM 服务。

解决方案厂商构建平台简化数据连接，并深化数据分析能力，提升解决方案技术水平和服务能力。例如，霍尼韦尔公司整合自身的应用开发、实时数据库、数据采集等能力形成 Sentience 平台,并依托平台数据分析能力形成资产运维、能耗优化、生产线监测、工艺优化等解决方案,能够快速的为用户提供服务。日立公司推出 Lumada 平台,该平台集成了大数据处理和人工智能分析等多种工具,基于平台数据分析能力推出设备运维、质量检测、生产线优化等多种解决方案。东芝公司推出 SPINEX 平台,涵盖了边缘计算、数字孪生、AI 分析等多种功能,并在能源、制造业等多个领域推出解决方案。

5.3.3 初创企业依托前沿技术或市场空白构建差异化竞争优势

由大型集团企业分离孵化出的创新企业在解决集团业务需求过程中不断强化平台能力,成为集团向新兴领域扩张的急先锋。例如,富士康科技集团成立富士康工业互联网公司,起初的目的主要是解决集团内部的设备运维、生产优化等问题,随着服务能力的不断提高,平台逐步向外部提供服务。中联重科成立的工业互联网高科技公司中科云谷构建平台产品,首先是为了解决集团内部工程机械状态监测及其他信息化业务,随着平台技术能力和服务经验的不断沉淀,逐渐向其他领域延伸。TCL 公司成立了格创东智公司以提供基于平台的工业互联网解决方案,当前重点面向液晶面板制造行业提供自动缺陷识别分类服务。

具备大数据、人工智能等前沿技术优势的初创企业助力工业企业提升数据分析能力,并在此过程中不断积累工业领域知识。例如,Uptake 凭借人工智能优势为卡特彼勒、中美能源公司等工业巨头提供设备预测性维护服务,并在此过程中不断强化工业知识模型的沉淀。

它还通过收购 APT 公司，进一步掌握了丰富的设备故障数据和模型。C3 IoT 公司在市场服务过程中，不断充实自身的工业知识，实现业务领域由设备运维、传感器健康向库存与供应链管理优化等领域的延伸。此外，Sight Machine 在平台中不断沉淀产品质量控制、生产线流程管理等知识，实现业务扩展。

聚焦模式创新的初创企业牢牢抓住局部市场痛点问题，依托平台提供针对性、低成本的解决方案，在利基市场形成掌控力。例如，天智（苏州）智能系统有限公司聚焦电子装配、机械加工等行业的中小企业的生产管控需求，推出云平台产品，能够为用户提供生产排产管理、制造执行系统、采购管理、物流管理、仓库管理等多种 SaaS 服务，用户每年只须花 5 万元的订阅服务费就能实现生产过程的高效管理。上海黑湖网络科技有限公司围绕中小企业的智能化改造需求，为用户提供智能排期、质量管理、物料管理、生产管理等 SaaS 服务，并且能够在 4~6 周内就可将服务部署到工厂内部。此外，生意帮、天正等企业分别瞄准中小微企业订单难、贷款难等问题提供平台服务，取得很好效果。

5.4　工业互联网平台构建方式

5.4.1　基于开源通用 IT 技术搭建平台基础架构成为主流

开源 PaaS 已成为平台厂商构建平台使能框架的共同选择。GE Predix、IBM Bluemix、西门子 MindSphere 等大部分平台都采用开源

的 Cloud Foundry 架构作为平台基础框架。此外，OpenShift、Docker
等开源技术也在平台企业中得到应用。开源大数据技术成为平台数据
架构的关键支撑。Hadoop、Spark 等开源数据工具已经形成比较成熟
的体系，IBM Bluemix、和利时 HiaCloud、Oracle、日立 Lumada 等平
台均采用上述工具支撑数据服务。多种开源的开发工具帮助平台快速
构建开发环境。例如，GE Predix、寄云 NeuSeer 通过集成 Eclipse
integration，Git 和 Jenkin 等开源开发工具，强化平台应用开发能力。

5.4.2　采用并购与合作方式丰富平台功能

通过并购获取平台关键技术功能。面向设备数据连接，PTC 先后
并购 Kepware 和 Axeda，强化 ThingWorx 平台的数据采集能力。博世
也收购智能设备软件公司 ProSyst，为平台提供即插即用的协议转换
支持。面向数据分析挖掘，日立收购 Pentaho 商务智能公司，提供数
据集成、可视化分析和数据挖掘等服务。此外，GE 收购了 Austin
Digital 强化航空数据分析能力，PTC 收购 ColdLight 提高平台机器学
习能力。面向平台安全，GE 收购了 Wurldtech。

通过合作整合资源，不断丰富平台功能。

（1）实现更大范围的现场数据采集，例如，SAP、航天云网等企
业均与西门子开展合作，借助西门子在工业自动化领域巨大存量基
础，降低设备接入难度。发那科公司与罗克韦尔公司合作，实现平台
与底层控制系统的无缝连接。

（2）实现平台的灵活部署，例如，GE、西门子均与微软、亚马
逊开展合作，实现在不同云基础设施上的部署。此外，ABB 与微软

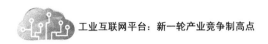

合作，树根互联与腾讯云合作，都旨在解决部署过程中的基础资源问题。

（3）强化数据分析能力，例如，西门子、ABB 与 IBM 合作，将 Watson 认知计算能力融入平台中。发那科与 Preferred Networks 合作，集成其深度学习框架 Chainer。

5.4.3　将自身积累的工业知识进行封装，打造平台核心竞争力

工业企业长期积累形成了大量工业知识和经验，是工业领域核心价值所在。工业巨头正将物理世界的工业机理转化为数字世界的算法和模型，再封装为平台上的微服务和工业 App，形成封闭的"黑盒"供开发者调用。开发者可以使用"黑盒"的关键功能，但无法获取其中的工业机理。例如，GE 将其在航空发动机、燃气轮机、风机等领域长期积累的设备知识抽象为相关微服务，成为平台的核心资产。

5.5　工业互联网平台创新生态

5.5.1　能力互补合作成为平台企业共同的选择

构建"大而全"平台需要长期的技术积累，当前阶段只有少数企业具备独立构建平台的实力。但是通过能力互补合作，平台企业能够快速为客户交付较为成熟的平台解决方案，实现市场竞争力的快速提升。当前已初步形成 3 种合作模式：

（1）各类平台和连接平台合作，增大数据采集范围和增强数据采集能力。连接平台成为各类平台获取数据不可或缺的使能工具。其中，业务平台和连接平台的合作可支持各类解决方案在生产现场落地部署。

例如，Salesforce和Cisco Jasper合作实现卡车数据采集，Salesforce平台可以实时掌握卡车运行状态，提高供应链管理功能模块的服务水平；云服务平台和连接平台合作，打造数据采集、存储、计算于一体的通用使能工具。例如，Telit物联网套件补足Microsoft云服务平台的连接能力，提高云平台面向多场景连接的通用性；数据分析平台和连接平台合作，提升数据采集能力，支撑数据价值挖掘和应用。例如，Empolis数据分析平台和Device Insight连接平台CENTERSIGHT合作，CENTERSIGHT成为Empolis获取分析数据的传输通道。

（2）业务平台和IT属性平台合作，增强数据管理与分析能力。一方面，业务平台获取云服务平台资源和技术支持。例如，ABB Ability和微软Azure合作，借助Azure云和大数据技术实现设备运维数据的云端存储、集中管理和快速处理；华龙迅达和腾讯合作，借助腾讯云计算和大数据技术实现业务数据的云端存储管理和快速处理。另一方面，业务平台叠加数据分析平台，充分挖掘业务数据潜在价值。例如，ABB Ability利用IBM Watson的人工智能功能，帮助ABB对实时捕获生产图像进行分析并发现质检缺陷；富士康利用天泽智云平台的工业数据分析能力，实现自身机床刀具寿命的预测性维护。

（3）业务平台间合作实现业务功能丰富和业务范围扩展。例如，在研发设计业务方面，PTC公司和ANSYS公司合作实现基于平台的设计仿真集成服务，提升市场竞争力；在生产运维业务方面，罗克韦尔公司和发那科公司合作，将生产优化平台 Factorytalk 与设备运维平台 FIELD System 对接，实现生产管理与设备管理的协同优化，提升现场生产管控水平；在运营管理和生产现场结合方面，富士通和甲骨文（Orcale）合作，实现企业管理数据和工厂生产数据的有效集成和应用，为客户提供生产制造系统、ERP、CRM 等一体化打包解决方案。

围绕上述 3 种合作模式，国外不同类型平台的能力实现充分互补，合作程度也十分深入。相比较而言，国内平台合作的深度和广度都还有待提升，需要从当前主要的业务平台与 IT 属性平台合作模式进一步向其他模式拓展。

5.5.2　应用创新生态是支撑平台价值持续创新的关键

工业应用场景种类繁多，平台很难依靠自身能力为各类场景用户提供高质量服务。构建良好的应用创新生态并丰富平台应用显得愈发重要。聚集各类主体共同开发细分领域应用成为平台构建应用创新生态的主要方式，主体包括 3 类，分别是垂直行业客户、专业技术服务商和第三方开发者。

（1）平台联合垂直行业客户共同打造满足特定场景需求的工业应用。例如，日立 Lumada 平台与日本化学巨头 Daicel 合作开发气囊生产检测系统，通过检测设备故障迹象和工作人员生产操作动作的偏差改进产品质量；德国汉堡港务局依托 SAP Networked Logistics Hub 开发面向港口的供应链管理应用 smartPORT，提高货物装卸效率和港口吞吐量。

（2）平台吸引专业技术服务商将成熟解决方案迁移平台，快速积累各类专业应用。例如，Software AG 主导成立的 ADAMOS 机械工程和信息技术战略联盟，已经吸引 DMG MORI、Dürr、ZEISS 等合作伙伴，分别将机床管理应用 CELOS、设备预测性维护应用 EcoScreen、远程监控应用 METROTOM 共享到 ADAMOS APP FACTORY。为了吸引更多合作伙伴共享行业技术知识，Software AG 允许每个合作伙伴独立销售 ADAMOS 系列产品。

（3）平台通过打造开发者社区吸引第三方开发者入驻，广泛开展工业 App 应用创新。例如，PTC 开发者社区目前已吸引 25 000 名开发者入驻平台，构建了 600 多个应用。PTC 公司为吸纳第三方开发者，首先，为开发者提供全面的技术资源支持，包含 PTC 大学、询问社区、资源中心等功能模块。其次，帮助开发者推广和销售应用，开发者的应用经 PTC 认证上线后可在 Marketplace 应用商店标价销售。同样，GE、博世等企业也积极打造开发者社区，入驻社区的开发者数量都超过了 4 万人；而国内富士康、海尔等企业会聚的开发者数量也都达到 5 000 人左右。

5.5.3　联合交付生态支撑平台解决用户复杂现场落地问题

工业应用场景种类繁多且现场信息化水平参差不齐，平台很难凭借通用服务解决用户的所有问题。良好的交付生态能够解决通用化平台解决方案和个性化应用场景的落地适配问题。其中，渠道商、物联系统集成商、IT 技术服务商是平台交付生态重要组成部分。

（1）平台借助渠道商销售 SaaS 化服务。各类 SaaS 化软件服务仍然依托传统渠道商推广，吸引客户登录平台获取订阅服务。例如，SAP公司借助 Accenture、AtlantConsult 等经销商的销售渠道，将 ERP 以 SaaS 化形式交付用户，相比于传统本地部署能够为用户节省 IT 运维费用。

（2）平台借助物联系统集成商实现平台应用在生产现场的部署与集成。例如，罗克韦尔公司认证的系统集成商 McRae Integration 帮助加拿大精酿啤酒酿造商 Sleeman 获取实时生产数据，并基于 Factorytalk 平台的 PlantPAx 功能模块进行酿造质量分析，在两周内帮助 Sleeman 实现产能提升 50%。海尔联合物联系统集成商云中控来获取青岛纺织机械股份有限公司公司设备运行数据，并基于 COSMOPlat 边缘管理平台进行设备运行状态分析，实现设备巡检保养、故障维护，设备宕机时长从每次三天缩短为一天。

（3）面对高度个性化的应用需求，平台主体、物联系统集成商、IT 技术服务商三方共同完成交付。例如，研华科技股份有限公司（简称研华）联合浙江晶创公司、晶盛机电公司共同为舜宇企业交付设备联网项目。其中，晶盛机电公司负责将设备数据接入研华平台，晶创公司负责基于平台为用户进行二次开发，三方通过紧密合作，为用户提供了量身定制的解决方案。

平台企业采取多种创新手段培育交付生态。例如，研华设立资金池为交付合作伙伴提供市场拓展资金支持。若合作伙伴的交付项目受到青睐，研华会对合作伙伴进行股权投资；西门子会评估合作伙伴的项目交付绩效，并根据绩效水平给予相应的分成回报。

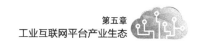
5.6 工业互联网平台开源趋势

5.6.1 三类开源项目支撑平台基础技术创新

开源是工业互联网平台基础技术创新的重要支撑。开源项目帮助平台企业打破技术壁垒，实现先进技术的有效应用。当前主要涉及三类开源项目：

（1）PaaS 及应用开发类开源项目支撑平台的基础架构构建。例如，在 PaaS 构建方面，Cloud Foundry 和 Openshift 提供快速部署应用基础框架，Kubernetes 支撑云平台可管理多个主机上的容器化应用，Docker 支持平台应用轻量级虚拟化和快速部署。在应用开发方面，平台厂商可基于 Spring Cloud 开源项目简化平台应用的初始搭建及其开发过程，基于 Service Mesh 框架下的开源项目 Istio、Linkerd 可支持微服务治理。

（2）大数据处理和分析类开源项目支撑平台数据高效应用。在数据管理和处理方面，Hadoop 提供高性能运算和存储的数据系统，Spark、Flink 具备良好的流计算性能，IoTDB、InfluxDB 支持时间序列数据的有效存储与处理。在数据分析方面，Spark MLlib 拥有良好迭代计算性能，加快模型训练速度；Tensorflow 可实现各类机器学习算法快速编程。

（3）连接类开源项目支撑平台数据采集和边缘计算，例如，EdgeX Foundry 开源项目支撑平台构建边缘软件架构，实现与设备、传感器、执行器的交互；百度开源 OpenEdge 边缘计算框架提供临时离线、低延时的计算服务和边云协同功能。

5.6.2 多类平台产业主体积极布局开源项目

随着工业互联网平台的兴起与发展，各方平台产业主体意识到开源对平台技术发展的重要性，积极筹划构建开源项目。当前平台开源产业主体主要包含三类：

（1）现有开源社区开始设立更多与平台技术相关的开源项目，例如，GitHub 开源托管平台设立了 IoT 平台开源项目 DeviceHive。该开源项目不仅仅是开源平台某项技术，而是几乎开源了整体 IoT 平台，包括平台部署和集成、数据接入和分析等；Eclipse 基金会开源了 Eclipse Kura、Eclipse Paho、Eclipse OM2M 等多个平台边缘层项目。

（2）平台企业探索将部分平台技术开源，旨在加速技术更迭并推动自身技术在平台产业的影响力。例如，华为开源了业界首个基于 Kubernetes 容器应用的边缘计算项目 KubeEdge；微软开源了平台边缘层技术 Azure IoT Edge。

（3）平台产业相关联盟和组织积极推动平台技术开源。例如，工业互联网产业联盟（AII）设立开源特设组并启动开源工作顶层设计，目前主要发力标识解析、边缘计算、COSMOPlat 平台 3 个开源项目，并积极与 EdgeX 开展技术对接交流，共同商讨有关平台边缘层开源的合作事宜。边缘计算产业联盟（ECC）成员积极参与 Akraino 开源，并发起了企业级 IoT Blueprint 开源项目。

第六章

工业互联网平台应用推广

6.1 工业互联网平台应用演进趋势

当前，工业互联网平台在工业系统各层级各环节获得广泛应用，一是应用覆盖范围不断扩大，从单一设备、单个场景的应用逐步向完整生产系统和管理流程过渡，最后将向产业资源协同组织的全局互联演进。二是数据分析程度不断加深，从以可视化为主的描述性分析到基于规则的诊断性分析、基于挖掘建模的预测性分析和基于深度学习的指导性分析。其中，设备、产品场景相对简单，机理较为明确，已经可以基于平台实现较复杂的智能应用，在航空、航天、工程机械、电力装备等行业形成了工艺参数优化、预测性维护等应用模式。由于企业生产与运营管理系统复杂度较高，深度分析面临一定挑战。当前，主要对局部流程进行改进提升，在电子信息、钢铁等行业产生供应链管理优化、生产质量优化等应用模式。关于产业资源的协同，目前还没有成熟的分析优化体系，主要依托平台实现资源的汇聚和供需对

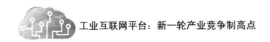

接，仅在局部领域实现了协同设计、协同制造等应用模式。工业互联
网平台应用阶段如图 6-1 所示。

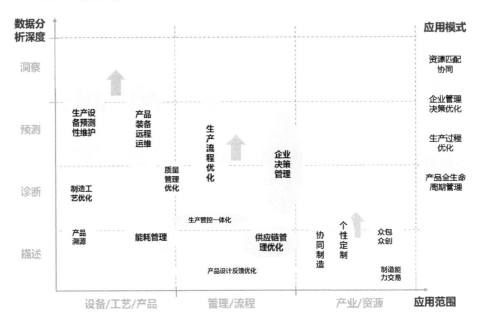

图 6-1　工业互联网平台应用阶段

总体来看，平台应用还处于初级阶段，以"设备物联+分析"或
"业务系统互联+分析"的简单场景优化应用为主。未来平台应用将向
深层次演进，在物联与互联全面打通的基础上实现复杂的分析优化，
从而不断推动企业管理流程、组织模式和商业模式创新。最终，平台
将具备全社会资源承载与协同能力，通过全局性要素、全产业链主体
的重新组织与优化配置，推动工业生产方式、管理模式和组织架构
变革。

6.1.1 设备、工艺等单个场景已可以实现基于数据和机理的预测，正步入决策性分析阶段

工业互联网平台广泛连接设备、装备、产品，基于设备机理模型和产品数据挖掘开展了大量基于规则的故障诊断、工艺参数优化、设备状态趋势预测、部件寿命预测等单点应用。例如，GE 依托 Predix 平台，通过构建数字双胞胎实现对航空发动机、燃气轮机等重型装备的健康管理；施耐德电气有限公司（简称施耐德）基于 Ecostruxure 平台为美国的罗切斯特大学医疗中心提供配电设备管理服务，实现电力故障的预测性报警与分析。随着数据的持续积累与分析方法的不断完善，将形成基于设备数据挖掘的更精准分析模型，并自主提出指导性优化建议。目前，该趋势已初步显现。例如，微软 Azure IoT 平台为 Rolls-Royce 发动机提供基于机器学习的海量数据分析和模型构建，能够在部件即将发生故障时准确预报异常并提前介入，主动帮助 Rolls-Royce 规划解决方案。

6.1.2 企业管理与流程优化从当前局部改进向系统性提升迈进

工业互联网平台实现了生产现场与企业运营管理、资源调度的协同统一，在此基础上形成面向企业局部的生产过程优化、企业智能管理、供应链管理优化等重点应用。例如，日立公司的 Lumada 平台通过物联设备实时收集商品流转数据，并通过与子公司的货

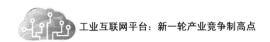

车调配业务系统互联，形成庞大供应链管理数据池，实现全集团的仓储物流优化。未来，随着平台底层连接能力的提升和企业IT-OT 层的打通，大量生产现场数据和管理系统数据将进行集成，基于海量数据分析，实现智能工厂整体优化、企业实时智能决策等应用，实现企业生产管理领域的系统性提升。罗克韦尔公司自动化部门与微软 Azure 平台合作，打通了 OT 层自动化系统与 IT 层业务系统数据，基于大量数据进行工厂系统建模与关联分析，实现生产物料管理、产品质量检测、生产管控一体化等综合功能，探索数字工厂应用。

6.1.3 产业/资源层面从信息交互向资源优化配置演进

工业互联网平台在应用过程中汇聚了大量工业数据、模型算法、软件工具，乃至研发设计、生产加工等各类资源与能力。目前，这些资源在平台上主要通过简单信息交互实现供需对接与资源共享等浅层次应用。未来，随着平台全局运行分析与系统建模能力的逐步提升，平台将成为全局资源优化配置的关键载体。找钢网平台在为钢铁行业的上下游企业提供钢材资源供需对接服务的基础上，还探索基于大数据分析的钢厂精准供需匹配、资源区域性优化投放和最优定价策略。

6.2 工业互联网平台应用价值规律

6.2.1 应用场景逐步聚焦，国内外呈现不同发展特点

基于对国内外 366 个平台应用案例[1]的分析发现，当前工业互联网平台应用主要集中于设备管理服务、生产过程管控与企业运营管理三大类场景，占比分别达到 38%、28% 和 18%。资源配置优化与产品研发设计获得初步应用，但总体仍有待培育，占比分别为 13% 和 2%。工业互联网平台应用分布统计如图 6-2 所示。

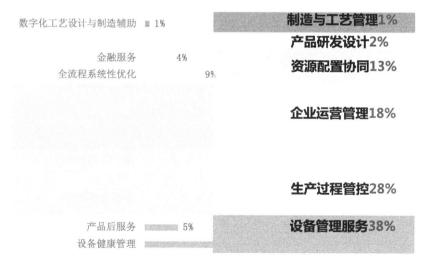

图 6-2 工业互联网平台应用分布统计

---

[1] 包括 42 家国内平台企业的 180 个应用案例及 23 家国外平台企业的 186 个应用案例，来源包括企业提供的案例介绍及在线公开资料。

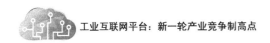

具体来说，国内外制造企业的数字化基础不同，在平台应用路径上也各有特色。其中，国外制造企业的数字化水平相对较高，平台应用更加侧重设备管理服务，占比接近50%。如设备健康管理应用占比为39%，产品后服务占比为10%。同时，在现有生产管理系统的基础上，依托工业互联网平台进行更加有效的生产过程管控也是国外平台应用的重点，这一项占比为24%。其中，生产监控分析占比为9%，能耗与排放管理占比为6%，质量管理占比为5%。此外，国外平台应用还有一个特点：数据的深度挖掘，依托大数据开展重点应用已较为普遍，重点应用如设备健康管理、产品远程运维已达到预测水平，部分基于管理系统数据的商业智能决策已初步实现。国外工业互联网平台应用分布统计如图6-3所示。

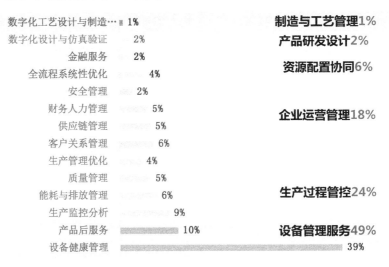

图6-3　国外工业互联网平台应用分布统计

与国外类似，我国平台应用同样关注设备管理服务，在所有应用中的占比达到27%，体现了设备物联与数据价值挖掘的共性趋势，这在电力、石化、钢铁等流程型制造业和高端装备领域的应用最为普遍。

与国外不同的是，我国平台应用更加关注生产过程管控、资源配置优化等场景，这两项占比分别达到 32% 和 21%。其主要原因有两方面：一方面是我国制造企业生产管理系统需求旺盛但普及率低，因而形成了一批提供云化生产管理应用的平台企业，开展了大量应用实践；另一方面是我国有大量中小型制造企业，这些企业通过使用工业互联网平台，将自身的能力融入社会化生产体系，借助制造能力交易获取订单和潜在市场机会，并通过创新性金融服务解决贷款难等问题。我国工业互联网平台应用分布统计如图 6-4 所示。

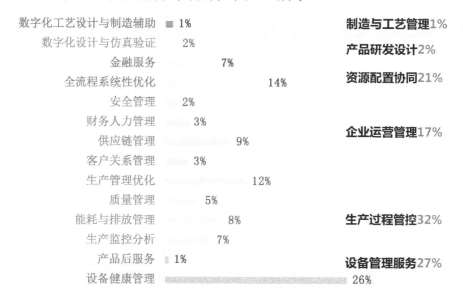

图 6-4　我国工业互联网平台应用分布统计

通过以上数据分析可以发现，国内外工业互联网平台应用分布差异较大，其与数字化发展水平、工业基础能力和企业分布构成等多种因素有关，应用数据分析深度、工业机理复杂度等程度不同，导致平台应用成熟度和所处阶段也不尽相同。我国受限于数字化发展水平不一、中小企业较多、工业底层基础能力仍有差距等原因，部分平台应用发展水平仍停留在可视化描述与监控诊断层面。未来，随着相关影响因素的成熟，各类平台应用也将呈现不同的演进路径和层次。

6.2.2 数据分析深度与工业机理复杂度决定平台应用优化价值和发展热度

根据 6.2.1 节的数据统计，可以发现，工业互联网平台在各类工业场景中的应用热度不尽相同。这是由于不同类型平台应用的开发复杂性不同，优化成效与收益回报也不同，其商业成熟度与受追捧热度存在较大差别。平台应用能否获得良好的优化价值和效果，从而在市场中获得客户，实现自身商业价值，主要由两方面因素决定：

（1）平台应用的收益，数据分析深度是应用价值提升和贡献的主要衡量指标。数据是平台核心资产，也是平台价值创造的来源。数据分析、挖掘和利用的深度在很大程度上决定了平台的应用价值高低。结合深度数据分析的设备健康管理、产品后服务、能耗与排放管理、质量管理等应用为工业企业创造了大量直接优化价值，带来了设备运维成本降低、能源消耗降低、产品质量提升、服务价值提升等收益。因此，资产管理服务和生产过程管控占比共达到 60%~70%，在工业场景中的热度高居不下。

（2）平台应用的开发与使用成本，工业机理复杂度是影响这一因素的核心。越是与工业机理深度融合的平台应用，其在应用开发的过程中，具有较高的行业壁垒，需要深度融入特定领域的工业知识和机理模型，以及结合应用场景进行大量定制化的二次开发，这都导致平台应用的交付成本高昂，优化成效也难以保证。因此可以从图 6-5 看出，具有高机理复杂度的应用开展不足，数字化设计与仿真验证、数字化工艺设计与制造辅助仅占总应用案例的 3%。

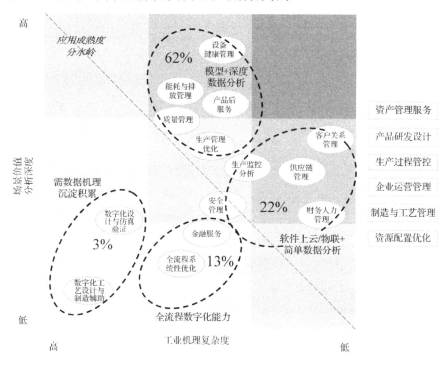

图 6-5　工业互联网平台应用优化价值视图

6.2.3　现阶段平台应用呈现三大发展层次

在应用价值规律的驱动下，工业互联网平台应用呈现"热点深度数据分析—孕育云化资源对接—数据机理沉淀探索"3 个发展层次：

（1）基于"模型+深度数据分析"的资产设备管理服务、生产过程管控场景创造平台优化高价值，并成为当前热点应用。工业互联网

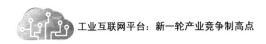

平台应用价值层次 Level 1 视图如图 6-6 所示。

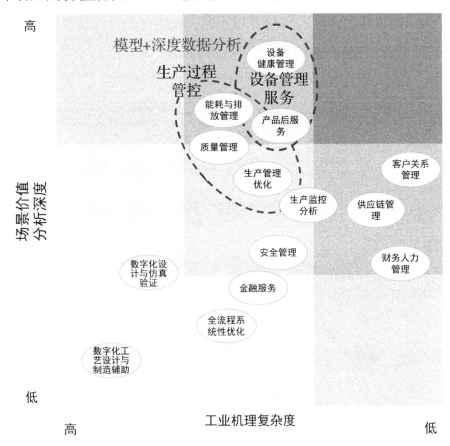

图 6-6　工业互联网平台应用价值层次 Level 1 视图

　　基于平台的"模型+深度数据分析"在设备运维、资产管理、能耗管理、质量管控、工艺调优等场景获得大量应用，并取得较为显著的经济效益。当前，GE、西门子、ABB、富士康、东方国信、日立、C3IoT 等企业已经推出了上百个上述类型的应用服务。例如，Uptake 帮助美国最大核电站 PALO Verde，通过提高资产性能，每年节省成本 1 000 万美元，成本降低 20%。又如，青岛纺织机械厂依托海尔

COSMOPlat 平台通过数据采集及分析，实现设备远程运维，每年可节省 96 万元，宕机时长从每次的三天缩短为一天，可降低直接经济损失 64 万元/次。

（2）基于上云、物联、可视化的生产过程管控、企业运营管理和资源优化配置场景初步获得商业化实践。工业互联网平台应用价值层次 Level 2 视图如图 6-7 所示。

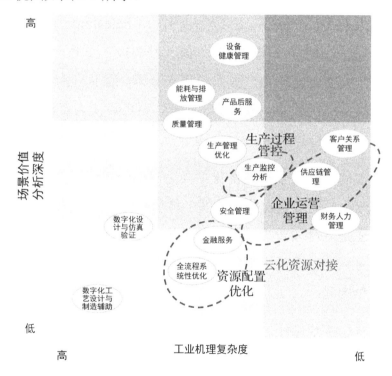

图 6-7　工业互联网平台应用价值层次 Level 2 视图

基于平台的"连接+数据可视化"初步获得应用。其中，在生产监控分析领域应用最为广泛，在物料管理、排产调度等方面也有初步探索。PTC、微软、思科、罗克韦尔、宝信、阿里云等企业的平台均推出了面向生产过程可视化应用。这类应用主要提供数据汇聚和描述基础，帮助管理者直观了解工厂运行状态，其更高价值的实现依赖于在此基础之上的更深层次的数据挖掘分析。

基于平台的"软件上云+简单数据分析"在客户关系管理、供应链管理和部分企业计划资源管理领域获得应用，有效降低了中小企业软件使用成本。SAP、Oracle、Salesforce、微软、用友浪潮、金蝶等企业提供大量管理软件 SaaS 服务。例如，Salesforce 所提供的云化 CRM 软件服务已聚集超过 15 万个客户。同时，除通用软件工具之外，还提供基于社交网络的客户关系与需求分析，为中小企业提供销售渠道服务。用友提供采购、供应链、物流、财务、人力资源等工业云服务，服务工业企业客户 44 万家。

深层次的全流程系统性优化主要是局部的初级探索，但已形成一定特色。无论是产业链、价值链的一体化优化、产品全生命周期的一体化优化还是生产与管理的系统性优化，都需要建立在全流程的高度数字化、网络化和模型化基础上，仅有个别龙头企业具备相关基础并开展了简单实践。

（3）产品研发设计、制造与工艺管理场景仍需工业机理和数据的长久积累，尚无典型优化价值创新，处在探索阶段。工业互联网平台应用价值层次 Level 3 视图如图 6-8 所示。

基于平台的产品研发仿真服务已取得一定进展，但价值创造仍不明显，潜在市场空间尚未明朗。达索公司已基于平台提供 SolidWorks 的云化服务，Autodesk、PTC 等国外设计软件厂商和 CAXA、中望等国内企业也推出类似服务，ANSYS 通过与微软 Azure 合作提供基于平台的仿真验证服务。但由于设计类的仿真软件较为复杂，其整体迁移成本过高，潜在客户对象不明，因此，其目前提供的平台应用大多为简化版本，主要面向中小企业客户。

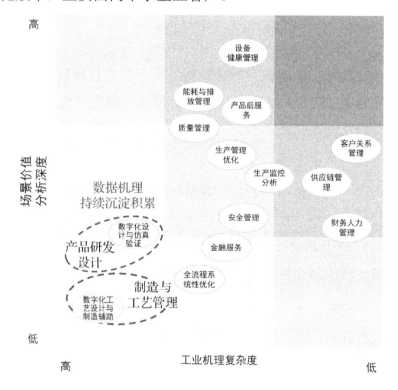

图 6-8　工业互联网平台应用价值层次 Level 3 视图

　　面向工艺管理与制造执行等机理强的相关场景的平台应用目前还较为少见。此类应用既需要平台企业对工艺、生产有较深理解，同时也需要制造企业客户将多年的生产经验和工艺积累数据向平台迁移，从而实现基于平台的有效管理。但其难度过大，目前还鲜有平台提供这一项应用。

6.3 工业互联网平台应用场景

6.3.1 面向工业现场的生产过程优化

工业互联网平台能够有效采集和汇聚设备运行数据、工艺参数、质量检测数据、物料配送数据和进度管理数据等生产现场数据，通过数据分析和反馈在制造工艺、生产流程、质量管理、设备维护和能耗管理等具体场景中实现优化应用。

在制造工艺场景中，工业互联网平台可对工艺参数、设备运行等数据进行综合分析，找出生产过程中的最优参数，提升制造品质。例如，GE 公司基于 Predix 平台实现高压涡轮叶片钻孔工艺参数的优化，将产品的一次成型率由不到 25%提升到 95%以上。

在生产流程场景中，通过平台对生产进度、物料管理、企业管理等数据进行分析，提升排产、进度、物料、人员等方面管理的准确性。博世基于平台为欧司朗集团提供生产绩效管理服务，可在生产环境中协调不同来源的数据，提取有价值的信息并自动运用专家知识进行评估，实现了生产任务的自动分配。

在质量管理场景中，工业互联网平台基于产品检验数据和"人、机、料、法、环"等过程数据进行关联性分析，实现在线质量监测和异常分析，降低产品不良率。富士康集团基于自平台实现全场产品良率自动诊断，打通车间产能、质量、人力、成本等各类运行状况数据，并对相关数据进行分析计算和大数据优化，使产品良率诊断时间缩短 90%。

在设备维护场景中，工业互联网平台结合设备历史数据与实时运行数据，构建数字孪生，及时监控设备运行状态，并实现设备预测性维护。例如，嵌入式计算机产品供应商 Kontron 公司基于 Intel IoT 平台智能网关和监测技术，可将机器运行数据和故障参数发送到后台系统进行建模分析，实现板卡类制造设备的预测性维护。

在能耗管理场景中，基于现场能耗数据的采集与分析，对设备、生产线、场景能效使用进行合理规划，提高能源使用效率，实现节能减排。例如，施耐德为康密劳集团位于加蓬的硅锰及电解锰冶炼工厂提供 EcoStruxure 能效管理平台服务，建立能源设备管理、生产能耗分析、能源事件管理等功能集成的统一架构，实现了锰矿生产过程中的能耗优化。

6.3.2　面向企业运营的管理决策优化

借助工业互联网平台，可打通生产现场数据、企业管理数据和供应链数据，提升决策效率，实现更加精准与透明的企业管理，其具体场景包括供应链管理优化、生产管控一体化、企业决策管理等。

在供应链管理场景中，工业互联网平台可实时跟踪现场物料消耗，结合库存情况安排供应商进行精准配货，实现零库存管理，有效降低库存成本。雅戈尔集团股份有限公司（简称雅戈尔）基于 IBM Bluemix 平台，对供应链和生产系统的重要数据进行抽取和多维分析，优化供应链管理并使库存周转率提高 1 倍以上，库存成本节省了 2.5 亿元，缺货损失减少了 30%以上，工厂的准时交货率达到 99%以上。

在生产管控一体化场景中，基于工业互联网平台进行业务管理系统和生产执行系统集成，实现企业管理和现场生产的协同优化。石化盈科信息技术有限公司（简称石化盈科）通过 ProMACE 平台在炼化厂的应用，围绕生产计划优化，推动经营绩效分析、供应链一体化协同及排产、实时优化、先进控制和控制回路的闭环管控，实现财务日结月清。

在企业决策管理场景中，工业互联网平台通过对企业内部数据的全面感知和综合分析，有效支撑企业智能决策。中联重科股份有限公司（简称中联重科）结合 SAP HANA 平台的计算能力及 SAP SLT 数据复制技术，实现工程起重机销售服务、客户信用销售、集团内控运营三个领域的实时分析，有效针对市场变化做出快速智能决策。

6.3.3　面向社会化生产的资源优化配置与协同

工业互联网平台可实现制造企业与外部用户需求、创新资源、生产能力的全面对接，推动设计、制造、供应和服务环节的并行组织和协同优化，其具体场景包括协同制造、制造能力交易、个性定制与产融结合场景。

在协同制造场景中，工业互联网平台通过有效集成不同设计企业、生产企业及供应链企业的业务系统，实现设计、生产的并行实施，大幅缩短产品研发设计与生产周期，降低成本。例如，河南航天液压气动技术有限公司基于航天云网 INDICS 平台，实现了与总体设计部、总装厂所的协同研发与工艺设计，研发周期缩短 35%，资源利用率提升 30%，生产效率提高 40%。

在制造能力交易场景中，工业企业通过工业互联网平台对外开放空闲制造能力，实现制造能力的在线租用和利益分配。例如，沈阳机床股份有限公司基于 iSESOL 平台向奥邦锻造公司提供了 i5 机床租赁服务，通过平台以融资租赁模式向奥邦提供机床，按照制造能力付费，有效降低了用户资金门槛，释放了产能。

在个性定制场景中，工业互联网平台实现企业与用户的无缝对接，形成满足用户需求的个性化定制方案，提升产品价值，增强用户黏性。例如，海尔依托 COSMOPlat 平台与用户进行充分交互，对用户个性化定制订单进行全过程追踪，同时将需求搜集、产品订单、原料供应、产品设计、生产组装和智能分析等环节打通，打造了适应大规模定制模式的生产系统，形成了 6 000 多种个性化定制方案，使用户订单合格率提高 2%，交付周期缩短 50%。江森自控-日立公司基于 Ayla 平台，打通社交媒体数据，整合 8 亿个微信用户需求，提供商用空调定制服务。

在产融结合场景中，工业互联网平台通过工业数据的汇聚分析，为金融行业提供评估支撑，为银行放贷、股权投资、企业保险等金融业务提供量化依据。例如，树根互联与久隆保险基于根云 RootCloud，共同推出 UBI 挖机延保产品数据平台，明确适合开展业务的机器类型，指导保险对每一档进行精准定价。

6.3.4　面向产品全生命周期的管理与服务优化

工业互联网平台可以将产品设计、生产、运行和服务数据进行全面集成，以全生命周期可追溯为基础，在设计环节实现可制造性预测，在使用环节实现健康管理，并通过生产与使用数据的反馈改进产品设计。当前其具体场景主要有产品溯源、产品/装备远程预测性维护、产品设计反馈优化。

在产品溯源场景中，工业互联网平台借助标识技术记录产品生产、物流、服务等各类信息，综合形成产品档案，为产品全生命周期管理应用提供支撑。例如，PTC 借助 ThingWorx 平台的全生命周期追溯系统，帮助芯片制造公司 ATI 实现从生产环节到使用环节的全打通，使每个产品具备单一数据来源，为产品售后服务提供全面准确信息。

在产品/装备远程预测性维护场景中，在平台中将产品/装备的实时运行数据及其设计数据、制造数据、历史维护数据进行融合，提供运行决策和维护建议，实现设备故障的提前预警、远程维护等设备健康管理应用。例如，ABB 公司为远洋船舶运营公司 Torvald Klaveness 的多用途船提供 ABB Ability 平台服务，通过船上的传感器收集信息，并进行性能参数分析，实现对远洋航行船舶的实时监控、预警维护和性能优化。SAP 公司为意大利铁路运营商 Trenitalia 提供车辆维护服务，通过加装传感器实时采集火车各部件数据，依托 HANA 平台集成实时数据与维护数据、仪器仪表参数并进行分析，远程诊断火车运行状态，提供预测性维护方案。

在产品设计反馈优化场景中，工业互联网平台可以将产品运行和用户使用行为数据反馈到设计和制造阶段，从而改进设计方案，加速创新和迭代。例如，GE 公司使用 Predix 平台，助力自身发动机的设计优化。平台首先对产品交付后的使用数据进行采集分析，依托大量历史积累数据的分析和航线运营信息的反馈，对设计端模型、参数和制造端工艺、流程进行优化，通过不断迭代实现了发动机的设计改进和性能提升。

6.4 大中小企业基于平台并行
推进创新应用与能力普及

6.4.1 大企业围绕"强化数据、创新模式"重点聚焦高价值应用

大企业具备较好的信息化基础，借助平台提升数字化分析决策能力，布局两大类高价值应用：一是对特定场景进行深度的数据分析挖掘，优化设备或设计、生产、经营等具体环节，在现有基础上借助平台增强能力；二是对产业链条进行要素打通并叠加一定程度的数据分析，提升上下游企业协同与资源整合能力，积极拓展创新型应用。大企业平台应用优化价值视图如图 6-9 所示。

面向资产管理服务场景，大企业优先在设备健康管理中，借助平台进行大数据深度分析优化，降低设备运维成本，提高资产使用效率。例如，针对高单值设备，为有效避免设备故障造成的巨大损失，西安陕鼓动力股份有限公司与北京工业大数据创新中心合作，基于平台对远程机组状态进行数据分析，为设备健康运行与维修保养提供有效指导，实现正常检修工期缩短 33.3%以上，平均节约设备管理内耗成本42%。针对大量一般性设备，机理模型与大数据分析经验易于复用，能够形成规模效应，富士康通过 BEACON 平台对吸嘴状态数据进行分析优化，保养频率由 25 000 次提高到 80 000 次，吸料率由 99.7%提高到 99.96%，节省近 22 万元的成本；并与天泽智云合作，结合多

源数据的特征提取，针对 CNC 机床进行刀具寿命预测，预计可降低 60%的意外停机，质量缺陷率从 6‰降至 3‰，节约 16%的成本。

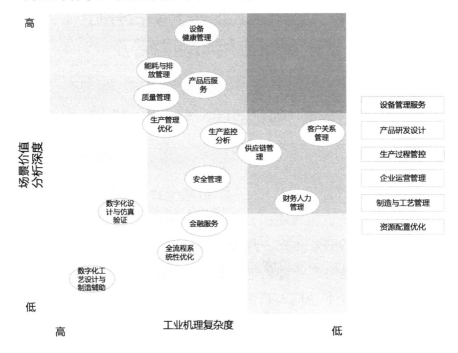

图 6-9　大企业平台应用优化价值视图

面向生产过程管控场景，大企业重点关注能耗与排放管理、质量管理等应用，在现有生产管理系统的基础上，依托平台大数据分析能力进行优化，减少产品质量缺陷、降低能耗排放。针对排产调度、工艺管理等个性化较强的领域，大企业仍主要使用原有信息管理系统。以质量管理为例，贵州航天电器股份有限公司（简称航天电器）利用 INDICS 平台建立多种因素与质量管理关键绩效考核指标（KPI）的关系模型，对设备、工艺、检测等数据进行质量相关因素分析，实现不良品率降低 56%。以能耗与排放管理为例，山东钢铁集团借助优也 Thingswise iDOS 平台，部署应用 EEWise 能效优化系统，对跨工序能效数据进行动态寻优，实现年化能源降本 8 000 多万元，能耗成本降低 11.4%。

面向企业运营管理场景，大企业将大数据分析能力与供应链管理、财务管理等业务相结合，实现更精准的智能决策。以供应链管理为例，华峰集团构建了面向新材料领域的工业互联网平台，整合众多上游厂商，并基于数据分析提供大批量材料集中采购等服务，采购成本降低 30%，供应链协同效率提高 3 倍，提高了资源配置效率。以财务管理为例，都乐食品公司利用甲骨文平台对商业数据进行全面的可视化与智能分析，以往需要数天完成的财务报表只需几分钟即可完成，预付成本降低 90%。

面向资源配置优化场景，大企业在全流程系统性优化应用中，借助平台实现现有各类系统的互联互通、数据分析与整体优化。虽然总体尚处在起步阶段，但是个别领先企业已开始布局。围绕产品全生命周期优化，为加速产品的创新迭代、提升用户体验，本田公司利用 IBM 大数据分析技术，使自身 100 人的工程师团队能够以更高的效率分析上百万份关于驾驶人的行为数据，并结合产品材料、结构设计等数据，初步实现产品全生命周期优化。再如，海尔基于 COSMOPlat 平台对用户需求、反馈与制造能力数据进行整合与分析，某新产品上市周期由 6 个月降至 45 天，一年时间内产品实现 3 次迭代升级，价格提升 10% 以上。围绕产供销一体化，中国石化基于石化盈科 ProMACE 平台实现从原油采购、石油炼化、库存管理到成品油销售的整体性优化，在保证原油低点买入、成品油高点售出的同时，实现相对最小库存，试点企业综合优化增效 10 亿元。围绕制造能力交易，智能云科 iSESOL 平台开放共享自身生产力，提高闲置设备的利用率，目前已对 24 000 台机床提供超过 533 万小时的交易共享服务。

6.4.2 中小企业围绕"抓资源、补能力"诉求布局平台应用

中小企业以工业传统应用的普及为主，部分创新型应用更为聚焦。一方面，基于平台 SaaS 服务部署的经营管理类云化应用，以及基于广泛连接的简单生产管理系统应用，构成了存量"补能力"的主体；另一方面，"抓资源"诉求使中小企业聚焦于金融服务等创新型应用。中小企业平台应用优化价值视图如图 6-10 所示。

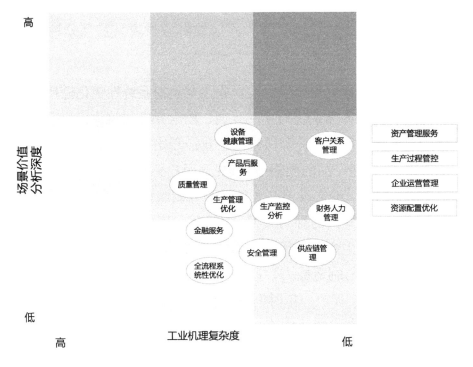

图 6-10　中小企业平台应用优化价值视图

订单与资金是决定中小企业生存发展的关键因素，通过平台融入社会化生产体系以获得潜在的订单与贷款，成为当前中小企业平台应用的核心诉求。一是发现潜在商机，例如，仅有 27 名员工的小微企

业 Fireclay，利用 Salesforce 的客户关系管理平台对客户关系与订单数据进行分析与价值挖掘，现有客户满意度提高 90%、潜在客户增加400%。二是获取生产订单，例如，依托生意帮的协同制造管理平台，62 家具有闲置产能的中小企业获得了总数为 470 万个车牌的生产订单，盘活了 153 台闲置设备，交付周期由 90 天缩短至 14 天。三是争取融资信贷，例如，超过 13 000 家中小微企业接入至天正公司的I-Martrix 平台，通过对生产设备数据与工业信用数据的交叉分析，使金融机构能够更准确地评估中小企业的信用等级，从而实现精准放贷。目前已为超过 1 200 家中小微企业提供了近 13 亿元的放贷款。

通过平台获取经营与生产的信息化管理能力，也是中小企业使用平台的重要目的。针对数字化能力补课需求，中小企业通过平台低成本云化部署 MES、ERP 等系统，成为中小企业上云的重要场景。

（1）以进销存为代表的经营管理类云化应用，在此基础上叠加简单数据分析。例如，赣州南康区的中小型家具加工企业通过租用江西工业云平台的云化 SaaS 服务，提升企业经营管理与产业协作水平，平均每家企业每年可节约成本 10 万元。再如，中型企业 BlueMicrophones 选择甲骨文公司的 NetSuite 云 ERP 管理系统代替原有的财务系统，实现了实时可视化的财务、库存与人力资源管理，每年节约成本 8 万美元。

（2）以生产过程可视化、设备综合效率（OEE）和物料管理为代表的简单生产管理系统。例如，东莞爱电电子有限公司通过部署盘古信息的智能管理系统，实现了物料、工单信息的可视化与生产异常的实时报警，错料事故由每月 4 次降为 0，工单完工清尾时间减少 45分钟。再如，杭州蕙勒智能科技有限公司借助根云平台实时采集机床工况、加工产量、运行参数等数据，提升车间可视化水平，日计划完成率增长 10%以上，废品率下降 2%左右。

6.5 垂直行业工业互联网平台应用

6.5.1 高端装备行业重点围绕产品全生命周期开展平台应用

高端装备行业具有产品复杂、价值高、生命周期长以及生产与管理复杂等特点。当前平台应用以全链条打通的协同设计、基于模型开展深度数据分析的设备健康管理等创新应用为主，兼具数字化分析的工艺调优及软件上云叠加简单数据分析的供应链管理等传统应用。主要表现在以下 4 个方面：

（1）在研发设计环节，重点关注复杂产品多专业协同设计与仿真验证。例如，为提升研发效率，波音基于达索 3D EXPERIENCE 平台实现了多专业协同设计，提升数字化协同能力，降低成本 40%～60%。再如，中国航天科工集团第四研究院基于索为 SYSWARE 平台实现商用航天的固体火箭发动机总体论证，通过 13 个设计流程、30 个专业算法、7 个工具软件开展仿真，设计人员工作效率提升 14 倍。

（2）在生产制造环节，重点关注关键生产工艺优化。例如，德马吉森精机基于 CELOS 系统将工件生产的整个工艺流程在计算机上进行 1：1 仿真；根据仿真验证结果优化加工工艺，从而确保加工计划完整正确，有效避免碰撞并最大限度缩短了装卡时间。

（3）在经营管理环节，重点关注供应链深度协同与优化。例如，空客集团依托富士通 Colmina 平台整合众多上游供货厂商，通过平台的自动标识与数据分析服务，实现飞机制造零部件的高效管理与精准采购，减少供应链成本 20%。

（4）在设备运维环节，重点关注高价值设备的预测性维护。例如，泰隆减速机公司基于徐工信息汉云平台对机床联网采集数据，结合机床机理模型，通过大数据分析技术对机床进行实时监测与预测性维护，设备利用率提高了 7.65%，设备运维成本降低 20%。再如，中联重科通过中科云谷平台建立基于机理和机器学习的模型，对主油泵等核心关键部件进行健康评估与寿命预测，实现对关键部件的预测性维护，从而降低计划外停机的概率和安全风险，提高设备可用性和经济效益。

6.5.2　流程型行业以资产、生产、价值链的复杂与系统性优化为应用重点

流程型行业具有原材料与产品价格波动频繁、资产价值高、排放耗能高、生产安全风险大等特点，由于其连续生产要求，该行业普遍具有较高的自动化与信息化基础。现阶段平台应用多为全流程系统性优化的全价值链一体化、运用新技术的资产管理等创新型应用，部分为基于模型开展深度数据分析的生产管理优化、能耗及安全管理等传统应用。具体包括 4 个方面：

（1）开展高价值设备的资产管理优化。例如，中化能源科技有限公司依托中化工业互联网平台，运用工业大数据及人工智能等技术，

对泵机群、压缩机、蒸汽轮机等装备进行健康管理，实现了设备故障的诊断、预测性报警及分析，设备维护成本每年减少15%。

（2）在生产环节通过对原料配比与控制参数的优化，提升生产效率。例如，中国石化依托平台对近4 600个批次的石脑油原料进行分析建模，形成13个典型操作类型，组成了操作样本库。通过该方法计算优化工艺操作参数，使汽油收率提高0.22%、辛烷值提高0.9，实现生产工艺优化。再如，华能重庆珞璜电厂基于华能AIdustry工业互联网平台，构建18个设备的热力学模型，通过历史数据基于模型计算出平均工况下最优发电技术煤耗比平均发电煤耗降低了2.2克/千瓦时，可节省7 480吨标煤，全年节约598万元左右。

（3）提升能耗、排放与安全管理水平。例如，为降低成本，酒钢集团基于东方国信Cloudiip平台，通过大数据分析计算出不同设备和系统的能源数据实现能耗管理，单座高炉每年降低成本2 400万元，单座高炉每年减少碳排放20 000吨，冶炼效率提升10%。再如，为增强安全保障，河南能源化工集团基于寄云科技的安全生产管控平台，将设备数据和运营管理系统数据集成与分析，实现对下属多个化工园区及厂区的重点工艺和设备、环保设施、重大危险源等信息的安全监控及历史数据查询，提高安全管理水平。

（4）基于平台的产业链、价值链一体化协同。例如，为加强产品竞争力，推动向"基地间生产合同分工制造"的转变，宝武钢铁集团基于宝信工业互联网平台，把多属地的云平台集成为一个整体的分布式平台系统，并叠加生产与经营管理数据的分析，促进多基地生产、销售等层面的协同与整合，实现整体产销能力的提升。

6.5.3 家电、汽车等行业侧重规模化定制、质量管理与产品后服务应用

家电、汽车等行业具有产品同质化严重、市场竞争激烈的特点，在工业互联网平台的应用中，创新型平台应用重点关注全流程系统性优化的大规模定制、基于产品大数据分析挖掘的产品后服务等场景，传统应用升级以大数据分析优化的质量管理为代表。主要聚焦以下 3 个方面：

（1）开展大规模定制，通过产品差异化提升利润水平。例如，康派斯房车公司基于海尔 COSMO 平台开展大规模定制，用户参与了定制需求提交、设计解决方案交互、众创设计、预约下单等产品全生命周期，综合采购成本下降了 7.3%，生产周期从 35 天缩短到 20 天，产品溢价达 63%。

（2）拓展产品后服务市场，提升产品附加值。例如，北汽福田汽车公司通过车联网建立基于客户"车生活"的生态系统，开展车队管理、汽车金融服务、数据服务、车货匹配及影音娱乐等增值服务，提高市场竞争力和占有率。再如，一汽集团基于平台依托车联网开展车载娱乐、道路救援、智慧停车、车险服务等增值业务，现已有 200 万入网车辆得到服务。

（3）提升质量管理水平，降低不良品率。例如，美的基于 M.IoT 平台，通过对系统中的产品品质数据进行大数据自学习优化，产品品质一次合格率从 94.1%提升到 96.3%。

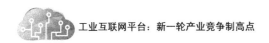

6.5.4　制药、食品等行业的平台应用以产品溯源与经营管理优化为重点

制药、食品等行业具有产品安全要求高、市场销售压力大、资金周转与库存管理难度大等特点。平台应用以软件上云叠加数据分析的库存管理、销售与财务管理等应用为主，部分为产品溯源等特色创新型应用。当前主要聚焦在以下两方面：

（1）产品溯源，保证食品药品安全。例如，茅台酒厂基于浪潮平台，通过由浪潮质量链发码系统实时提供的酒瓶二维码，可追溯每瓶酒的生产、原料等数据，并且通过 App 将扫描的销售时间、地点等信息更新到平台，以保证酒的品质。

（2）提升库存、销售与财务管理水平。例如，今麦郎公司基于金蝶财务管理平台规范业务流程，并制定各类销售政策，实现集团对子公司业务的管控；业务流程匹配度由 40% 提升到 95%，销售政策执行的有效性由 90% 提升到 100%，财务结账速度由 10 天缩减为 5 天，库存呆滞发生的可能性由 100% 降低到 5%，提升了运营效率。

6.5.5　电子信息制造行业重点关注质量管理与生产效率提升

电子信息制造行业具有产品种类多、升级换代周期短、生产质量要求较高等特点。当前平台应用以软件上云叠加数据分析的库存管理等应用为主，同时开展了基于模型开展深度数据分析或运用新技术的质量管理等应用。当前聚焦以下两个方面：

（1）基于平台的大数据分析能力，提升产品质量。例如，富士康基于电子元器件表面贴装制造平台开展车间设备实时可视化、设计与制造协同、大数据智能决策，从而实现人均产出提升 20%，产品良率提升 30%。再如，深圳市华星光电技术有限公司（简称华星光电）依托 TCL 格创的 Getech 东智平台，通过海量图像样本库和基础算法库，基于 AI 开展视觉检测和缺陷判定；目前的缺陷识别速度达到 50ms，缺陷分类识别准确率为 90%，为华星光电每年增收约 1 000 万元。为加强质量管理，华为打通供应商、研发、制造、市场返还等产业链全流程关键质量数据，构建全球测试大数据质量预警体系，实现供应商来料质量预警、制造过程质量预警及网上返还质量预警，驱动质量管控从事后拦截向事前预测、预防方向转变，批量问题起数降低 9%，开局坏件数改进 15%，早期返还率改进 24%。

（2）生产效率提升与库存优化，提升企业运营效率。例如，顺络迅达电子公司基于航天云网 INDICS 平台通过大数据分析，实现产品从设计研发、采购、生产、质量、销售、物流等全业务流程的监控和运行调度，使其生产经营效率提高 30%，年度生产成本降低 200 万元。再如，新华三集团基于紫光云引擎平台将印刷机、贴片机、全自动光学检测（AOI）等设备接入，采集设备运行数据和工艺数据，实现企业全过程数据融通，新华三集团的生产库存周转率在过去 3 年提高了 50%以上，运营效率得到提升。

第七章

工业互联网平台商业模式

7.1 平台发展初步形成六类商业模式

电子商务、广告竞价、应用分成、金融服务、专业服务、功能订阅等互联网平台经济模式大部分在工业互联网平台中也会出现，但互联网平台主要面向消费者提供通用服务，以通用规模优势获取商业收益。工业互联网平台由于工业体系的专业性与复杂性，目前商业模式仍然侧重传统工业方式和面向企业用户。而更加强调面向特定场景的个性化服务的商业价值主要集中在个性化实施，但最终将向通用化能力延伸。因此，不同于消费互联网以电子商务、广告竞价、应用分成等为主流模式，工业互联网平台现阶段将以专业服务、功能订阅为最主要的商业模式。

专业服务是当前平台企业的最主要赢利手段，基于平台的系统集成是最主要的服务方式。绝大部分与设备管理、能耗优化、质量提升相关的大数据分析平台都以这种方式提供服务。例如，北京寄云鼎城科技有限公司（简称寄云科技）主要面向电力、石化、高端装备等行业，依托其平台的大数据分析处理能力，结合客户需求场景，进行定制化解决方案开发与现场部署。即便是企业运营等管理软件服务平台也需要依赖这种方式进行部署。例如，用友网络科技股份有限公司（简称用友）利用精智平台的数据集成能力，为厦门侨兴工业有限公司提供定制化解决方案，全面打通已有的 ERP、PDM 和 MES 系统。此外，咨询服务也正在成为平台专业服务的重要方式，部分企业依托其平台所集聚的数据，为客户提供分析服务，以指导业务拓展，如 Salesforce 为用户提供一对一的数据增值等技术咨询服务，拓宽赢利空间。

功能订阅是现阶段平台赢利的重要补充，有可能成为未来平台商业模式的核心。一方面，IT 资源及工业软件服务已普遍采用订阅服务方式。一是云资源订阅，例如，亚马逊、微软、阿里、腾讯、华为都提供了较为成熟的 IaaS 资源租用服务。二是功能组件订阅，例如，GE 提供超过 50 种微服务工具集，以订阅形式向用户收费。百度为工业设备提供位置定位 API，根据使用量收费。三是工业 SaaS 订阅，例如，PTC 应用商店中基于 ThingWorx 的工业 SaaS 数量超过 40 个，均以订阅方式提供；ANSYS 提供仿真软件的云端订阅服务，用户可选择在 ANSYS 企业云或其合作伙伴的云平台上进行订阅；SAP、甲骨文等提供了基于自家平台的云化 ERP 订阅服务；西门子 Manage MyMachines 等应用软件以订阅模式进行收费。另一方面，围绕资产运维、能耗优化领域的托管服务正在成为工业领域新的订阅方式。例如，石家庄天远科技集团有限公司（简称天远科技）为工程机械厂商提供资产托管服务，基于远程监控诊断系统保障设备资产安全，托管运营设备超过 25 万台；再如，江苏极熵物联科技有限公司（简称极熵物联）为中小企业提供空压机等设备的运营托管服务，目前通过其平台管理的设备超过 600 台，节能减排效果提升 30%以上。

在交易模式中，工业产品交易模式相对成熟，制造能力交易与工业知识交易模式仍在探索中。在工业产品交易方面，部分工业互联网平台依托其对产业链资源的集聚，提供工业产品交易服务。例如，成都积微物联集团股份有限公司（简称积微物联）基于 CIII平台对订单需求、库存、物流数据进行整合与分析，提供钢铁、钒钛等产品的在线交易服务，钢铁年交易额超过 700 亿元。在制造能力交易和工业知识交易方面，智能云科信息科技有限公司（简称智能云科）利用 iSESOL 平台对装备工况、地理位置等数据进行分析，面向机械加工领域企业提供订单匹配与交易服务，探索制造能力交易模式。航天云网科技发展有限责任公司（简称航天云网）利用 INDICS 平台积累产品设计图、标准件模型等资源，供企业用户使用。但是，由于现阶段知识产权与数据共享问题、制造系统的互联互通与管理问题尚未完全解决，导致制造能力与工业知识的交易模式仍在探索中。

金融服务模式显现出巨大的价值潜力，是平台企业探索商业模式的新热点。"产融结合"是增强金融服务实体产业的重要措施。工业企业及金融机构均可基于平台开展产融结合。目前从三条路径实现产融结合：

（1）数据+保险模式。例如，平安银行基于平台获取和集成工业排污企业的生产、经营、排污、信用等数据，利用 AI（人工智能）

与大数据技术进行环境监管风险分析，实现环境污染强制责任保险（简称环责险）的有效投放。

（2）数据+信贷模式。例如，海尔集团（青岛）金融控股有限公司（简称海尔金控）利用 COSMOPlat 平台将单个企业的不可控风险转变为供应链企业整体的可控风险，为中小企业提供融资借贷、供应链金融服务。

（3）数据+租赁模式。徐州工程机械集团有限公司（简称徐工）基于汉云平台对大量设备进行管理的能力，探索经营租赁模式，融资租赁率超过 80%。中科云谷科技（北京）股份有限公司（简称中科云谷）基于平台对设备租赁进行全过程管理，实现租赁回款管理等功能。

基于应用商店的分成模式刚刚起步。部分领先的工业互联网平台已经开始探索构建应用开发者商店，如 PTC 公司构建应用市场，提供超过 200 个软件工具；西门子 MindSphere 应用商店提供超过 20 项的应用服务。虽然上述平台还处于培育应用生态阶段，目前还未对应开发者进行分成，但是未来随着市场的成熟，这也可能成为平台的一种新赢利方式。

此外，直接将平台作为一种软件产品进行销售，也是部分企业的赢利手段之一。PTC 公司依托其代理商渠道，把 ThingWorx 平台作为一种软件工具直接销售，供其他企业进行二次开发，搭建自家平台或开展企业内数据的采集与集成工作。如 IT 服务商 NSW 对 ThingWorx 平台进行二次开发，以其为"底座"构建自家平台 Toami；Woodward 公司利用 ThingWorx 平台开发了自家制造信息系统，把工厂内自动化设备、ERP、PLM、MOM 系统进行了全面集成。

7.2 不同类型平台商业模式各有侧重

现阶段，连接与边缘计算平台主要提供高价值的专业服务，未来将逐步探索订阅模式。例如，部分平台按模块收费，Kepware 基于 KEPServerEX 连接平台提供捆绑式的订阅许可，包括软件解决方案、支持与维护协议，按照 Kepware 软件解决方案的价值和所需模块收费。再如，另有一部分平台按流量收费，Telit 基于平台与全球多个移动运营商或虚拟移动运营商合作，通过 Telit 的物联网 SIM 卡和运营商网络资费套餐按使用数据流量收费。

云服务平台和通用 PaaS 平台以订阅模式为主，由资源订阅逐步扩展至功能订阅。目前，IaaS 资源订阅已较为普遍，其下一步发展关键在于如何丰富平台的功能组件，并提供订阅服务。例如，微软 Azure 平台为大数据分析和机器学习等 100 余种功能组件开展订阅服务，订阅的功能组件按小时或包月进行收费。再如，华为云提供存储、云服务器、大数据分析、深度学习等服务，以按量付费、包年包月、按运行时间等多种方式获得收益。

业务 PaaS 平台目前是通过专业服务获利，未来主要开展订阅模式和专业服务，同时兼具交易、金融和分成等多样化赢利模式。业务平台现阶段以定制化交付为主，业务范围受限，未来的业务和商业扩张要求其将业务组件下沉至平台，形成相对通用、可复制的平台服务能力，再通过工业 App 开发商和系统集成商形成平台服务向更大范围扩展。在这一过程中，业务平台将集聚大量工业数据与制造资源，从而有能力基于这些数据和资源的整合创造新的价值空间。例如，树根互联技术有限公司（简称树根互联）基于根云平台打造硬件接入、大数据分析、金融等服务能力，从专业服务、订阅模式、金融服务等多个方向探索赢利模式。树根互联与久隆财产保险有限公司（简称久隆保险）合作，基于设备物联数据与保险理赔报案情况，依托业务场景异常判断规则进行风险分析，久隆保险每月大约可以减少300万元的保险理赔损失。在产融结合方面，通过投资广东华三行建工物联科技有限公司，基于区块链的融资租赁业务平台开展工程机械融资租赁业务，数月就获得近2亿元的租赁收入。再如，中服工业互联网平台目前会集应用提供商50多家，根据市场前景和成熟度按不同的分成比例共享收益；还有近500套工业云套餐以订阅模式获利，目前其年营业收入近2 000万元。

7.3 平台商业价值演进的两条路径

一方面，聚焦通用服务能力构建的平台价值路径受到资本市场青睐，成为平台商业增值的关键。通用、可复制的工具和服务带来平台实施成本的大幅降低，基于大量工业数据、工业知识、机理模型等资源的沉淀，通过工业App开发商和服务商形成部分定制化的平台服务，可实现更广范围、更大规模的扩展，从而催生订阅、交易、分成等多种模式，受到了资本市场较高的关注。例如，Salesforce和PTC公司的市盈率分别高达159倍和172倍，达索公司股价近五年不断增长，市盈率达到58倍。在该类路径中，平台未来将呈现"80%通用工具服务+20%个性化系统集成开发"的能力构成，并从软件工具转向互联网属性，塑造开放协同的平台经济。以国内某平台为例，其建设之初仅有部分底层开源工具，90%的赢利依靠团队人员现场实施。经过近两年的发展，其平台上二次开发的通用工具和服务在产品中的比例已经达到40%以上，需通过个性化系统集成实施的项目不足50%。

另一方面，以提供传统工业解决方案为主的平台商业模式为企业带来较好的资金流，是支撑平台生存和运营的另一类价值路径。虽然该类路径实施成本较高、不一定带来高利润率，但是做优专业服务模式能够较为直接地将工业价值变现，保证良性的资金流，仍是部分企业发掘平台价值的重要选择。当前以售卖解决方案、提供专业服务为主的企业如 ABB 公司，虽然市盈率为 18.5 倍，但是自由现金流充沛，近几年均维持在 30 亿美元左右；再如，罗克韦尔公司市盈率为 33.6 倍，但 2018 年自由现金流达到 11.7 亿美元，优于预期目标。由于工业体系的复杂性，未来以传统工业解决方案为核心和以通用服务能力为核心的平台价值路径将共同存在。

第八章

工业互联网平台发展部署

8.1 机遇与挑战

8.1.1 工业互联网平台发展的机遇

当前，全球都面临着以信息通信技术深度应用为主要特征的新一轮科技革命，谁能够抓住新技术推动产业加速变革，谁就能在未来产业竞争中占领制高点[23]。随着我国制造业两化融合水平稳步提升，自2015年起，国内企业开始探索工业互联网平台布局，面向数字化、网络化基础改造升级，开展平台技术研发和解决方案制定，并逐步打造完整的工业互联网平台产品。我国在工业互联网平台发展方面的主要优势体现在工业体系、互联网和工业互联网三个方面。

1. 工业体系的优势

1）中高端人力资源优势明显

未来工厂并不是"无人工厂"，智能化生产将使人担当更有挑战性的角色，如创新、规划、监督和协调机器的运作。知识型员工需求的大幅上升，将成为工业智能化的可持续性支撑，而中国显然是此类中高端人力资源的"富矿"。据统计，2012 年中国科技人力资源总量已经达到 3 850 万人，研发人员总数达 109 万人，分别居世界第一位和第二位，并且每年还有大约 700 万大学毕业生。安永的一项研究也显示，中国一名工程师每年的综合成本仅为美国的十分之一。

2）工业体系完整齐全

中国经济快速发展的一个重要经验是园区多且发展快，各地各种形式的园区面向全世界进行大力度的招商引资，吸引了全世界的优秀企业前来投资、生产、经营。由此形成了多层次的产业集群，产业体系完整、产业链长、分工协作发达的优势突出，区域产业整体竞争力日益提高。并且，中国产业发展的回旋空间较大。相关调查结果显示，中国工业如今在竞争中的优势已更多体现在拥有完整的供应链条上。例如，中国是世界上唯一拥有联合国产业分类中全部工业门类的国家，形成了"门类齐全、独立完整"的工业体系，这个庞大完整的工业体系依托众多工业企业的集聚效应而具备了高度灵活性。显然，中国工业企业在某种程度上已具备在未来网络化工业时代大放异彩的潜质，这为将来实现"工业 4.0"进行了有效铺垫。

3）我国是全球最大的需求市场之一

中国不仅是重要的产品生产国，还是世界最大的消费市场之一。

这种双重角色将使国内市场与工业生产产生更为强劲的互动，促进社会经济发展，并有助于抵御世界经济波动带来的冲击。

4）我国具有大规模生产的组织能力

政府强大的组织能力，也是我国工业不可忽视的一个独特优势。从《装备制造业调整和振兴规划》到《"十二五"工业转型升级规划》《智能制造装备产业"十二五"发展规划》，这些政策都表明我国已经在谋划工业发展的顶层设计。

2. 互联网的优势

在 2017 年（第十六届）中国互联网大会上，工业和信息化部部长苗圩指出，中国互联网的发展虽然起步稍晚，但发展迅速，已形成设施优势、用户优势和应用优势三大优势凸显的一个新兴行业，一批企业跻身全球最大互联网公司行列，基于互联网的新业态、新模式层出不穷。与此同时，网络治理持续推进，行业生态明显改善。我国互联网进入大发展、大融合、大变革的历史阶段，呈现出四个突出特点：高速宽带网络加快建设，网络提速降费持续推进；行业规模持续扩大，创业创新活力不断增强；"互联网+"融合态势加快，新动能作用日益凸显；"走出去"步伐明显加快，国际合作取得新进展。我国互联网优势具体体现在以下 4 个方面。

1）用户规模优势

我国已拥有全球规模最大的宽带网络，成为全球网民数量最多的国家，形成了全球最具成长性的信息消费市场，正在加快从网络大国向网络强国迈进。可以说，互联网已经成为"大众创业、万众创新"的集聚平台，促进产业融合发展和经济转型升级的重要引擎，壮大信息消费和拉动新兴消费的强劲动力，培育新动能、繁荣新经济、引领新常态的关键要素，以及推动社会发展和促进改革开放的基础支撑。

2）网络基础设施持续升级

网络基础设施是互联网时代支撑经济社会信息化的关键基础设施，是实施国家创新驱动战略的基础平台，也是维护国家网络与信息安全的主战场之一。近年来，我国固定宽带网络全面向光纤网络接入升级，移动宽带网络加速向长期演进（LTE）升级，网络互联互通和国际出入口通信能力持续提升，互联网应用基础设施能力大幅增强，已建成全球规模最大的宽带网络基础设施。我国互联网用户普及水平和发达国家差距逐步缩小，固定和移动宽带平均资费水平持续下降，高速宽带接入占比持续扩大，产业地位不断提升，业务应用创新活跃，网络安全保障能力持续提高，为工业互联网的开展实施提供了有力的支撑和坚实的基础。

3）产业基础不断完善

我国互联网产业规模巨大，2016 年以互联网为主要组成部分和拉动力量的中国数字经济总量达到 22.6 万亿元，总规模超过日本和英国之和，仅次于美国，位列全球第二。与此同时，我国云计算数据中心的自主创新能力快速提升，云计算和大数据应用从互联网企业向传统行业企业不断扩展，云计算和大数据产业已具备支撑"互联网+"的良好基础。此外，我国物联网技术研发取得局部突破，产业体系初步形成且保持高速增长，我国物联网应用进入实质性推广阶段。我国软件和信息技术服务业整体呈平稳较快增长态势，本土软件业在系统集成、嵌入式软件开发等重点领域具备一定的本土优势，且软件业结构和布局不断优化，加速向网络化、平台化转型，为工业互联网提供新

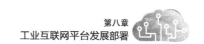
技术、新平台和新模式。

4）应用创新加速发展

国内互联网业务创新优势凸显，互联网创新融合业务增长迅猛，互联网广泛渗透到传统工业、服务业等各领域，促进产销对接、优化产能利用。目前已衍生出柔性化生产、智能化制造等新模式，涌现出互联网金融、线上线下互动商务（O2O）、大数据应用等新服务，加速现代产业体系的演进重构。同时，我国互联网企业聚焦"平台+生态"竞争，基于优势平台型产品如社交通信、电商金融、信息搜索等打造自有业务生态，行业领先互联网企业基于资金、技术、渠道优势不断拓展布局创新业务生态，应用服务平台化特点日益显现。

3. 工业互联网的优势

截至目前，我国已有近 20 家企业发展工业互联网平台产品，企业主体包含装备制造企业、自动化技术企业、信息通信企业、互联网企业、大数据服务商等。平台应用已涉及汽车、石化、航空、航天、机械制造、家电、船舶、信息电子等关键工业领域。我国在互联网上的优势主要体现在以下 3 个方面。

1）面向数据采集的多样化技术产品和解决方案正在形成

一方面，航天云网、树根互联、和利时等工业互联网平台通过开展设备改造、协议转换产品开发、边缘计算推广，形成从设备到用户的端到端数据流解决方案。另一方面，国内正涌现出一批提供协议兼容和转换解决方案的中小企业，明匠智能、汇川技术、华龙迅达等积极开发能够实现多种协议兼容和转换的智能网关、智能控制器等产品，开展设备数字化、网络化改造，实现对主流现场总线、工业以太网、无线协议设备数据的采集。

2）基于通用平台架构国内企业积极构建垂直行业的管理服务平台

我国云计算产业与发达国家处于同一起跑线，拥有阿里、华为、腾讯等一批成熟的云计算服务厂商。基于成熟开放的通用 PaaS 平台，我国一批工业控制技术（OT）、信息技术（IT）、通信技术（CT）领先企业纷纷开始探索构建面向行业的垂直领域管理服务平台（工业 PaaS）。一是以航天云网为代表的协同制造工业互联网平台，通过将设计、制造、服务等资源和知识封装固化为各类软件和服务，打造信息互通、资源共享、能力协同、开放合作的产业生态。目前，注册用户已超 61 万家，开放 126 款大型高端工业软件、3 000 余项设备设施及数万项技术标准、知识产权及专家库等资源。二是以树根互联为代表的产品全生命周期管理服务工业互联网平台，通过采用"微服务+开放接口"的 PaaS 平台架构，面向复杂产品全生命周期管理提供物联监控、设备共享、资产管理、智能维护、金融保险等服务，"根云"平台目前已接入近 30 万台各类机器设备，实时采集数千种参数，为十余家企业提供技术验证和示范性服务。三是以海尔为代表的用户定制化生产工业互联网平台，通过打通需求、设计、生产、配送、服务等环节的数据流，构建需求实时响应、用户深度参与、全程实时可视、资源无缝对接的制造云化解决方案。目前，平台上聚集了上亿用户资源和 280 万个设计资源，为近百家公司提供创新设计服务。

3）工业 App 开发应用形成了以传统软件产品云化迁移为主导的格局

云化迁移是当前软件产业发展的基本趋势，工业互联网平台的

SaaS 应用主要来自两个方面。一方面，传统的研发设计工具、经营管理软件、制造执行系统加速向云端迁移，用友、金蝶、宝信、数码大方等企业积极推动基于云架构的软件产品开发部署，用友已实现财务、OA、CRM 等应用软件的云端迁移，数码大方构建了基于云平台的工业设计模型、数字化模具、产品和装备维护知识库等软件和应用服务，这是当前工业 App 来源的主流。另一方面，新型工业 App 的开发和应用正在逐渐兴起，一些平台类企业和初创企业面向工程机械、风电、船舶、高铁等复杂型智能产品，开发出基于云平台的新型工业 App，并实现商业化应用。

8.1.2 工业互联网平台发展的挑战

构建基于工业互联网平台的制造业新生态是产业竞争的制高点，未来 2～3 年将是工业互联网平台发展的重要窗口期。面对当前制造竞争格局演进的新趋势，国内企业围绕数据采集、平台建设、应用软件开发等领域全面布局，并取得阶段性成果，在新一代信息技术引领产业变革方面，工业对信息技术的应用仍以初级或局部应用为主，并且不同环节、领域、企业的应用水平差距悬殊，我国工业互联网发展总体上尚处于起步探索阶段，发展仍面临诸多挑战，主要体现在工业领域、互联网领域以及工业互联网领域。

1. 工业领域

1）工业上仍是"大而不强"

主要体现在以下 4 个方面：

（1）自主创新能力不强，自主知识产权产品少，核心技术对外依存度高，先进基础工艺落后，基础产业技术薄弱。

（2）产业结构不尽合理，价值链高端缺位，产业聚集发展水平不高，具有较强国际竞争力的大企业偏少，缺乏世界级知名品牌。

（3）质量基础相对薄弱，质量水平和标准不高，质量安全事件时有发生。

（4）发展方式粗放，主要靠高投入、高消耗推动发展。

2）工业控制系统产业基础薄弱

工业控制系统是实现工业生产自动化、数字化的基础，是工业互联网平台底层数据的重要来源，也是构建工业互联网平台的基础。当前，我国工业控制系统产业竞争力较弱，工业生产现场装备的核心控制系统主要来自跨国公司，西门子等企业占据了国内95%以上的中高端可编程序控制器市场、50%以上的DCS（分布式控制系统）市场，生产设备数据不开放、接口不统一。造成数据兼容性差、采集门槛高、采集难度大，制约了我国制造业数字化、网络化水平，也制约了工业互联网平台的快速发展。

3）在数据采集方面，对底层设备数据集成打通能力相对薄弱

相比于GE、西门子等领先的工业企业，我国工业互联网平台在底层设备数据集成打通能力和数据精准采集能力等方面均存在较大差距。一方面，GE、西门子作为工业制造企业，其工业设备产品在行业市场占据主导地位，并在航空、航天、石化、电力、医疗、能源、水利、轨道交通等多个领域开展广泛的应用，使GE和西门子能够通过自家生产的设备灵活采集调用多领域生产数据。相比之下，我国工

业互联网平台在设备数据采集打通方面存在天然短板，我国传感器市场高速增长的态势和本土企业的低端供给能力之间的差距，成为制约我国工业互联网发展的基本问题，主要体现在我国传感器企业产值偏低。国内传感器企业中年产值超过亿元的厂商占13%，全国不足200家；产品种类相对单一。目前全国传感器产品种类齐全的企业占比不足3%，产品线单一，综合竞争能力偏弱；研发生产技术相对落后，相比于国际领先企业，新品研制落后5～10年，产业化规模生产技术工艺落后10年以上。另一方面，GE、西门子作为传统工业制造企业，在工业生产领域具备充足的行业实践经验，在数据采集、数据提取方面，能够精准掌握高价值数据源，从而实现对数据精准分析和判断，而我国工业互联网平台企业在工业制造领域的实践经验相对单一，对于第三方设备数据接口的打通和集成能力不足。目前，国内数据采集解决方案呈现出解决方案多、商用产品少；专有方案多、通用方案少的特点，生产设备数据采集部署难、周期长、成本高等仍是阻碍当前智能制造及工业互联网平台建设的主要瓶颈。

4）制造业企业信息化水平参差不齐，很难形成通用的融合创新推广路径

我国大部分地区和行业仍处在以初级或局部应用为主的阶段，信息化与信息安全相关领域人才储备严重不足，利用互联网技术改造传统生产方式和工业流程的意愿偏低，并且不同地区、行业及不同规模企业之间的信息化差距明显。按照德国"工业4.0"的划分标准，我国制造业总体水平处于2.0时代向3.0时代过渡阶段，生产设备数字化、网络化水平较低，2017年行业骨干企业生产设备数字化率为44.1%。面对老旧设备多、数字化水平低、多种协议不兼容带来的数据采集难、

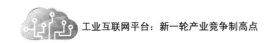

成本高、效率低等挑战。相当一部分企业还处于"工业 2.0"阶段，尚需补上从"工业2.0"到"工业3.0"的差距。

5）核心技术仍是制约我国互联网与工业融合创新发展的关键

大量核心关键技术如工业操作系统、大规模集成电路、网络传感器、工业机器人、工业控制器、高端数控机床等仍严重受制于国外厂商，制造企业在开展创新应用模式的时候往往受到技术瓶颈约束，导致我国工业智能化水平的发展受限，网络化、智能化的生产组织能力薄弱。此外，制造企业当前使用的工业系统普遍与互联网的兼容性较低，ERP（企业资源计划）、MES（制造执行系统）、PLM（产品生命周期管理）等信息系统间的信息交互效率低下，不同品牌的设备之间的网络协议没有统一，企业内的"信息孤岛"现象较为严重。

2. 互联网领域

1）侧重消费服务的互联网暂难满足制造业生产性需求

当前我国互联网服务主要是侧重消费型，重在用户体验，发展的模式也是重市场开拓，轻资源和技术的研发与整合。这种互联网基因与企业生产性需求存在较大差异。互联网创新强调开放、共享，而工业生产体系对稳定和安全性要求更为严苛，两者特性与体系不相契合，表现为现阶段互联网与工业融合主要集中在下游销售和上游设计等环节，鲜少直接发生于生产过程。

2）在平台服务方面，工业微服务提供能力相对较弱

GE、西门子等企业具备在多个制造行业的长期业务经验，形成了大量的工业数据和建模分析方法。在构建工业互联网平台的过程

中，GE 和西门子将其长期形成的数据算法和分析模型进行封装，以微服务的方式供第三方开发者调用，从而使平台本身就具备很强的智能化工业决策属性，同时也大幅降低了第三方开发者的应用难度。与GE、西门子相比，我国工业互联网平台目前基于平台提供的还主要以传统的产品模型或工艺参数为主，由于其制造经验相对薄弱、历史数据积累有限，目前还不具备提供面向工业大数据分析的算法或模型的能力。

3）互联网与工业融合供需双方存在认识差异

因行业差异与行业壁垒影响，作为供需双方的工业企业和互联网服务企业对互联网认识存在不同。一些工业企业或对互联网创新理解不够，缺乏开放共享的精神和自我变革的勇气；或对互联网思维认识盲目，迷失于各种似是而非的概念。而一些互联网企业对工业领域创新需求的理解和挖掘也不到位，或固步于消费者端琢磨"眼球经济"，或因缺乏对工业生产的足够认识而"不接地气"。既了解工业又熟悉互联网的融合性人才缺乏，也构成了障碍。

4）网络安全问题没有得到足够重视

很多制造企业对于网络安全问题没有引起足够的重视。只看到大数据、云计算、移动网络等先进技术带来的便利性，忽视了这些技术在运用过程中所存在的用户隐私泄露、商业机密泄露甚至国家安全信息泄露等潜在问题。部分企业网络安全意识不足，在用户隐私和自身经营方面存在安全隐患。此外，未来一旦跨企业跨地区间不同信息系统间逐步互联互通，生产现场的网络安全问题将直接关系到生命财产的安全，其隐患不容忽视。

3. 工业互联网领域

1）在平台应用方面，行业应用推广及商业模式不够成熟

我国企业当前在平台应用方面积极布局远程监控、智能诊断、云协作等应用，但与 GE Predix、西门子 MindSphere 平台应用相比，仍处于培育阶段，商业模式尚不成熟。而 GE 和西门子在工业应用领域已经具备了一定的商业推广基础，各自平台的推动建设主要围绕企业自身的工业应用开展运营管理。例如 GE 在推出 Predix 平台之前，其工业应用解决方案 Predictivity 包括资产性能管理（APM）、运营管理等多个工业应用产品已经在航空、航天、石化、电力医疗等多个领域开展应用推广，商业发展模式十分成熟。而西门子 MindSphere 平台起源于自身数字化工厂业务。相比之下，我国工业互联网平台在应用服务方面经营模式仍然处于摸索之中，还没有形成较为成熟完善的商业发展模式。

2）在生态构建方面，基于平台创新性应用的生态体系尚未形成

目前，GE、西门子通过工业互联网平台已经逐步汇聚起海量工业数据，并通过封装工业微服务和提供应用程序接口等方式，吸引第三方开发者在平台上进行应用开发，从而会聚一批专业的服务提供商，构建合作伙伴生态。例如，GE Predix 在平台上构建 Predix IO 开发社区，为开发者提供包括数据管理、数据分析、工业知识、安全在内的一系列微服务。截至 2017 年，已会聚了 2 万名开发者，生态体系初步构建。我国工业互联网平台虽然也汇聚了众多企业，但是这些主要是平台的使用者，难以为平台发展注入持续的创新动力。生态体系构建能力薄弱。工业互联网平台向下整合上万种类型的装备，向上承载海量工业应用开发，只有综合实力较强的龙头企业主导才有可能

打造基于工业互联网平台的综合性产业生态。国内缺乏类似 GE、西门子等产业巨头，一方面尚不具备整合控制系统、通信协议、生产装备、执行系统、管理工具、专业软件、平台建设等各类资源的能力，另一方面也不具备集业务流程咨询、软件部署实施、平台二次开发、功能上线调试、人才管理培训、系统运行维护等于一体的综合能力。国内工业互联网平台企业业务仍主要局限于垂直细分领域，管理服务平台（工业 PaaS）搭建、开发者社区建设、商业模式创新能力仍严重不足。

3）管理服务平台技术能力薄弱

管理服务平台（工业 PaaS）是工业互联网平台发展的关键，也是生态系统核心技术能力的综合体现。我国传统工业技术实力较弱，工业领域的行业机理、工艺流程、模型方法经验和知识积累不足，导致专业的算法库、模型库、知识库等 PaaS 平台微服务提供能力不足，严重制约了 PaaS 平台核心功能的开发和应用。管理服务平台作为一种可扩展的工业云操作系统，其发展的关键在于为开发者构建一个友好易用的开发环境，总体上看，我国企业缺乏 PaaS 平台开发和运营环境建设经验，能够提供的开发工具数量少、易用性差，制约了开发者的会聚和工业 App 开发。

4）行业监管体系亟待完善

工业互联网平台的建设和运营对行业监管提出了新的要求，亟待研究和制定工业数据产权确认、交易、保护、治理及跨境流动的相关政策法规，完善工业互联网平台许可准入、新型网间互联设备入网许可等监管政策。工业互联网平台的体系化信息安全设计、防护工具、监测手段缺失，亟须制定工业互联网平台信息安全防护指南等政策规

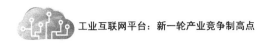
范和信息安全测试、验证、审查等关键标准。加快制定工业互联网平台领域互联互通互操作、安全可信服务、质量保障评价等方面的通用标准和规范。

5）支撑创新转型的旧体系改造和新产品推广的专业服务不完善

如何在保证安全可靠的前提下将既有生产运营、管理体系更好地与互联网结合，是传统企业互联网化转型中普遍面临的问题。此外，互联网与工业融合发展过程中会产生很多融合性产品或服务，相应的标准体系目前在行业上下游暂未统一，接口困难，各方自行推动的标准建设带来较高的重复建设成本，相关的政策法律也尚不完善。

8.2　发达国家工业互联网相关战略

近年来，随着新一代信息技术的兴起及其向工业领域的融合渗透，发达国家纷纷提出以智能制造为核心的"再工业化"战略，力图率先建立先进工业生产范式。在当前和今后一个时期，以信息化与工业化相互融合为主要特征的第三次工业革命新浪潮的出现，成为世界产业革命格局变动的新契机。美国、欧洲、日本等国家和地区都在谋划新的产业发展战略，争抢新工业革命的先机和高地。工业互联网平台已成为新一轮产业竞争的制高点，世界上主要发达国家均将工业互联网作为国家发展战略重点，力图掌握未来主导权，重塑制造强国新优势。其中，以美国先进制造战略、工业互联网和德国工业 4.0 最为突出。

8.2.1　美国先进制造战略

美国先进制造战略聚焦三大技术领域，进行优先突破，即先进制造的"传感—控制—平台"（ASCPM）"可视化—信息化—数字化"（VIDM）及"先进材料"（AMM）3 个领域。从美国先进制造战略的任务来看，工业互联网是先进制造战略的重要组成部分，是实现先进制造战略的关键要素。从 2011 年至今，在美国政府的大力投入和引导下，产业界、学术界纷纷加入先进制造战略的推进工作中。

1. 政府扶持政策及措施

（1）持续顶层设计，在奥巴马任内，通过白宫科学技术办公室（OSTP）和总统科学技术顾问委员会（PCAST，现已被裁撤）基本完成了对美国先进制造业发展的整体布局。2011 年在 PCAST 的推动下，成立了先进制造伙伴关系引导委员会（AMPSC），成员主要来自企业和学术界，同年推出先进制造业伙伴关系计划（AMP1.0）。2012 年，美国正式推出《先进制造业国家战略计划》。2015 年，美国国家科技委员会（NSTC）下设的 CPS 高级研究组对外公布了《CPS 愿景》，对工业互联网在美国先进制造业国家战略中的地位给予了明确肯定。

（2）打造创新网络，美国政府计划在未来 10 年打造 45 个基础研发机构，组成"国家制造创新网络"（NNMI）。目前已建成增材制造、轻材料和现代金属、电力电子、集成光电子、卓越制造中心、卓越材料中心等研究所。2014 年 10 月，美国发布了《加速美国先进制造业》报告，强调重点发展先进传感、控制和平台系统（ASCPM），可视化、信息化和数字化制造（VIDM），先进材料制造（AMM）三大领域。

2016 年，美国政府发布《美国国家创新战略》，提出要打造可持续发展的创新网络和生态体系。

（3）加大财政投入，美国国家标准与技术研究院（NIST）作为美国先进制造的重要支撑机构，2015—2016 年的预算分别为 9 亿美元和 11 亿美元，2014—2016 年支持工业技术服务和国家制造业创新网络的预算额持续上涨，分别为 2.8 亿美元、4.0 亿美元和 4.5 亿美元。2018 年，美国国家科学基金会（NSF）向联邦政府申请 2.2 亿美元用于支持网络相关的材料、技术和基础设施（CEMMSS）的研发和基础设施的投资建设。

（4）统一技术标准，以美国国家标准研究院（NIST）为主导，制定新的产业标准、关键系统的数据共通性标准和新材料特性数据标准，促进信息物理系统的数据交换，保障数据安全。美国工业互联网联盟（IIC）通过建立测试床，在开发工业互联网产品解决方案的同时，不断探索行业标准，强化自己在行业标准方面的话语权。截至 2017 年 12 月，IIC 已经有 27 个测试床通过了审核。

（5）优化商业环境，美国采用 PPP（Public-Private Partnership）模式，通过联邦政府资金引导相关企业加强合作，发挥各企业在不同研发和转化阶段的优势，加速实现商业化。美国商务部"制造拓展伙伴计划"积极帮助小型制造企业采用新技术改善供应链，投资 1.3 亿美元创建试点，鼓励小企业采用新技术创新产品供应。此外，还建立新的贸易执法机构，强化对所谓的"不公平国际贸易"的审查等。

美国能源部预测，工业互联网能够节省 12%的设备定期维修成本，降低 30%的总体维护成本，并能消除 70%的故障率。工业互联网还有助于加速新模式、新业态的发展，为工业电子商务、工业大数据

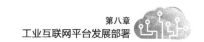

分析、供应链金融等生产性服务业提供更坚实的支撑，推动专业化、高品质、高附加值的现代服务业不断壮大。

2. 美国工业互联网参考架构（IIRA）

美国工业互联网联盟（IIC）由 GE 联合 AT&T、思科、IBM 和英特尔于 2014 年 3 月发起，由对象管理组织（OMG）管理。2015 年 6 月，IIC 发布工业互联网参考架构 IIRA（Industrial Internet Reference Architecture）。在工业领域建立新物联网能力的过程中，工业互联网参考架构（IIRA）是重要的第一步，将帮助开发者更快做出反应。借助 IIRA 可以创造新方法来组织工业应用，从设计主导向实用主导转变。IIRA 为工业互联网系统的各要素及相互关系提供了通用语言，在通用语言的帮助下，开发者可为系统选取所需要素。

IIC 发布的工业互联网参考架构（IIRA）包括商业视角、使用视角、功能视角和实现视角 4 个视角（引自 ISO/IEC/IEEE42010：2011），并论述了系统安全、信息安全、弹性、互操作性、连接性、数据管理、高级数据分析、智能控制、动态组合九大系统特性。

3. IIRA 4 个视角

（1）商业视角。从商业视角来看，在企业中建立工业互联网系统之后，利益相关者的企业愿景、价值观和企业目标被更多聚焦。它进一步明确了工业互联网系统如何通过映射基本的系统功能达到既定目标。这些问题都是以企业为主体的，特定的企业决策者、产品经理和系统工程师会对此产生兴趣，如果将商业实现与复杂系统流程对接。

（2）使用视角。使用视角指出系统预期使用中的一些问题，它通常表示为最终实现基本系统功能的人或逻辑用户活动序列。这些问题通常涉及系统工程师、产品经理和其他利益相关者，包括参与工业互联网系统规范制定和代表最终使用用户的人。

（3）功能视角。功能视角聚焦工业互联网系统里的功能元件，包括它们的相互关系、结构、相互之间接口与交互，以及与环境外部的相互作用，支撑整个系统的使用。该视角确定了商业、运营、信息、应用和控制五大功能领域，对系统组件建筑师、开发商和集成商有强大的吸引力。

（4）实现视角。实现视角主要关注功能部件之间的通信方案与生命周期所需要的技术问题。这些功能部件通过活动来实现协调并支持系统能力。此视角所关注的问题与系统组件工程师、开发商、集成商和系统运营商有密切联系。

4. IIRA 的九大系统特性

（1）系统安全。系统安全是系统运转的核心问题，单个组件的安全不能保证整个系统的安全，缺乏系统行为预测前提下很难预警系统安全问题。

（2）信息安全。为了解决工业互联网中的安全、信任与隐私问题，必须保障系统端到端的信息安全。

（3）弹性。弹性系统需要有容错、自我配置、自我修复、自我组织与自主计算特性。

（4）互操作性。工业互联网系统由不同厂商和组织的不同组件装配而成，这些组件需确保基于兼容通信协议的相互通信功能，基于共同概念模型互相交换与解释信息，基于交互方期望在重组方式下相互作用。

（5）连接性。无处不在的连接是工业互联网系统运行的关键基础技术之一，针对系统内的分布式工业传感器、控制器、设备、网关和其他子系统，需要定义新的连接性功能层模型。

（6）数据管理。工业互联网系统数据管理包含涉及从使用角度考虑的任务角色和从功能角度看的功能组件的具体协调活动，如数据分析、发布与订阅、查询、存储与检索、集成、描述和呈现、数据框架和权限管理。

（7）高级数据分析。分析与先进的数据处理过程将来自传感器的数据进行转换与分析，从而提取能提供特定功能的有效信息，给运营商提供有价值的建议，支持实时业务与运营决策。

（8）智能控制。智能控制提出相关的概念模型，并就如何建立智能弹性控制提出关键的概念。

（9）动态组合。工业互联网系统需要对各种来源的分散组件进行安全、稳定和可扩展组合。这些组合通常基于不同协议，提供可靠的端到端服务。

总体来说，工业互联网参考架构（IIRA）将现存的和新兴的标准统一在相同的结构中，同时，IIC 正建立垂直领域应用案例分类表，在参考架构下体系化地推进应用。

8.2.2　德国工业 4.0 战略

德国工业 4.0 战略通过鼓励传统优势技术研发和新一代信息技术创新，打造一个将资源、信息、物品和人互联的信息物理系统（CPS），实现"智能生产"和"智能工厂"。工业 4.0 的关键任务是实现 3 个集成，即企业内部的纵向集成、通过价值网络实现的横向集成和贯穿整个价值链的端对端的集成。

1. 政府扶持政策及措施

（1）加大资金投入。2011 年工业 4.0 战略提出之后，德国政府将其作为《高技术战略 2020》的十大未来项目之一，投入 2 亿欧元资金。从 2016 年至今，德国经济能源部投入 1.2 亿欧元，支持智能技术系统、安全等技术创新；教育研究部投入 5 000 万欧元，支持立法、信息技术安全、未来的劳动条件和技能、标准化 4 个技术领域技术研发。此外，德国政府每年给予弗劳恩霍夫学会 6 亿欧元左右的无偿拨款，通过政府与社会资本合作（PPP）形式支持学会。

（2）组建协同创新体系。在德国政府大力支持和推动下，广大企业、高校和科研院所、第三方产业组织等创新主体积极参与工业 4.0 创新体系建设。德国政府、学术界、产业界共 14 家企业和 17 家研究院所共同组成协同创新联盟，成为推动德国新一轮制造业技术创新与市场推广的中坚力量。弗劳恩霍夫学会作为德国政府大力支持的国家级创新中心，拥有 69 家研究所和超过 24 000 名科研人员及工程师，近年来学会积极组织开展信息物理系统（CPS）、工业大数据等前沿技术研发，助力德国在工业互联网、智能制造等领域取得先发优势。

（3）推动标准制定。由德国机床设备制造联合会（VDMA）、电子电气制造商协会（ZVEI）、德国信息通信新媒体协会（BITKOM）共同成立标准化理事会，重点围绕战略框架、标准规范、研究创新以及网络系统安全 4 个方面内容，推进工业 4.0 标准化平台的建立。2014 年 4 月，德国电器电子和信息技术协会编制"工业 4.0"标准化路线图，涵盖 12 个需要标准化的重点领域；2015 年发布参考架构，明确工业 4.0 组件标准；2016 年发布标准技术路线图（第二版），基于工业 4.0 参考架构和管理壳，对产品标准等各类标准进一步细化。

（4）积极谋求国际合作。德国与美国在工业互联网方面的合作正在迅速推进，IIC 与"工业 4.0"继 2015 年 11 月和 2016 年 3 月的瑞士苏黎世和美国芝加哥举行对接会之后，在 2016 年 4 月的汉诺威博览会上共同发表主题演讲，正式宣布开展更深层次的合作。德国总理默克尔对双方的合作高度赞许，表示："我很高兴看到工业 4.0 平台正在与美国工业互联网联盟开展合作，我们在实现工业 4.0 的道路上已经占据了非常有利的位置。"目前双方已经明确了共同的战略目标，并制定了 3 年的合作路线图，包括里程碑、工作机制、主体责任等。

2. 德国工业 4.0 参考架构 RAMI 4.0

在德国工业 4.0 的工作组的努力和各种妥协之下，2015 年 3 月，德国正式提出了工业 4.0 的参考架构模型 RAMI 4.0（Reference Architecture Model Industrie 4.0）。RAMI 4.0 是从产品生命周期/价值链、层级和架构等级三个维度，分别对工业 4.0 进行多角度描述的一个框架模型。它代表了德国对工业 4.0 所进行的全局式的思考。有了这个模型，各个企业尤其是中小企业，就可以在整个体系中，寻找到自己的位置。

也就是说，在对工业 4.0 的讨论中需要考虑不同的对象和主体。其对象既包括工业领域不同标准下的工艺、流程和自动化；也包括信息领域方面，信息、通信和互联网技术等。为了达到对标准、实例、规范等工业 4.0 内容的共同理解，需要制定统一的框架模型（见图 8-1）作为参考，对其中的关系和细节进行具体分析。

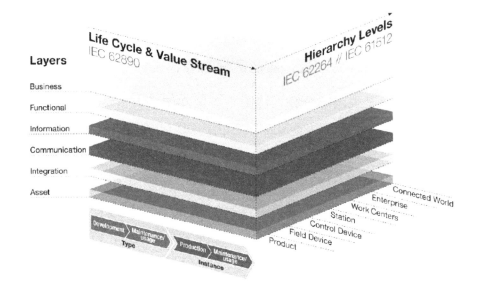

图 8-1　工业 4.0 参考架构模型

3. RAMI 4.0 的三个维度

RAMI 4.0 的第一个维度是在 IEC 62264 企业系统层级架构的标准基础之上（该标准是基于普度大学的 ISA-95 模型，界定了企业控制系统、管理系统等各层级的集成化标准），补充了产品或工件的内容，并由个体工厂拓展至"连接世界"，从而体现工业 4.0 针对产品服务和企业协同的要求。

第二个维度是信息物理系统的核心功能，以各层级的功能来进行体现，RAMI 功能层的作用如图 8-2 所示。具体来看，资产层是指机器、设备、零部件及人等生产环节的每个单元；集成层是指一些传感器和控制实体等；通信层是指专业的网络架构等；信息层是指对数据的处理与分析过程；功能层是企业运营管理的集成化平台；商业业务层是指各类商业模式、业务流程、任务下发等，体现的是制造企业的各类业务活动。

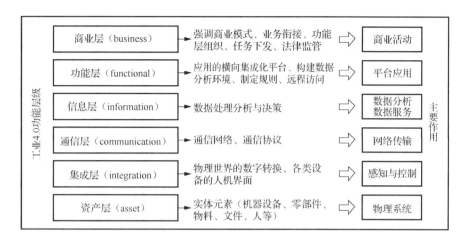

图 8-2　RAMI 功能层的作用

第三个维度是价值链，即以产品全生命周期视角出发，描述了以零部件、机器和工厂为典型代表的工业要素及从虚拟原型到实物的全过程。具体体现为 3 个方面：

（1）基于 IEC 62890 标准，将其划分为模拟原型和实物制造两个阶段。

（2）突出零部件、机器和工厂等各类工业生产部分都要有虚拟和现实两个过程，体现了全要素"数字孪生"特征。

（3）在价值链构建过程中，工业生产要素之间依托数字系统紧密联系，实现工业生产环节的末端链接。此处以机器设备为例，虚拟阶段就是一个数字模型的建立包含了建模与仿真。在实物阶段主要就是实现最终的末端制造。

目前公布的 RAMI 4.0 已经覆盖有关工业网络通信、信息数据、价值链、企业分层等领域。对现有标准的采用将有助于提升参考架构的通用性，从而能够更广泛地指导不同行业企业开展工业 4.0 实践。

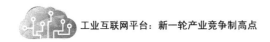

4. RAMI 4.0 的现实意义

RAMI 4.0 对于德国产业界来说，是继"工业发展的四个阶段划分"观点之后，又一个新的成果，是对工业 4.0 理念进一步的明确和阐述。其意义主要体现在 3 个方面。

（1）有助于凝聚产业界共识，加快推动大企业实施工业 4.0 战略。工业 4.0 参考架构模型 RAMI 4.0 实际上是为德国国内企业明确了一个通用的工业 4.0 概念，能够对企业部署新的基础设施、应用新的技术、形成新的标准指明方向。作为工业 4.0 的主要推动机构，德国"工业 4.0 平台"以 RAMI 4.0 架构所界定的各项功能为目标，正在积极推进信息技术、制造技术、激光感应技术等跨界技术的集成试验。目前已搭建测试床 32 个，形成应用案例 237 个，部分研究成果已在德国的大企业中实施。

（2）有助于聚合中小企业，提升中小企业参与积极性。德国大约有 330 多万家中小企业，它们是德国经济的支柱和推动力量。这些中小企业虽然规模不大，但是多是在某一个制造领域的领先者。对于工业 4.0，大部分中小型企业仍持观望态度，都在等待合适的市场框架形成。根据德国联邦贸易与投资署专家此前的研究显示，2011 年德国工业 4.0 概念提出之后，参与的企业主要是特定产业领域中的大企业和大机构，如博世、西门子等，但中小型企业的参与度却始终很低。

（3）RAMI 4.0 明确了新的标准和技术框架，使得中小企业有机会参与未来工业体系建设过程中，从而提升中小企业的参与度，加快推进工业 4.0 战略在德国整个产业界中的落实。

8.3　政策措施建议

8.3.1　支持各类企业主体参与工业互联网平台发展

工业互联网平台将大型企业、中小微企业、第三方开发者和其他利益相关者连接在一起，形成一个超大规模的创新协作、能力交易、价值共创的双边市场。围绕工业知识的生产和扩散，开发者和用户交互融合，开发者既拉动了用户需求，又受需求扩张反哺自身成长，形成工业 App 开发和海量用户双向迭代、互促共进的良好格局。

鼓励大型企业开展工业互联网平台建设。集中力量打造生态级工业互联网平台，遴选一批先期布局早、资源整合度高、自主实力强、应用程度好的工业互联网平台，通过财政支持、基金引导等方式，进一步推动全球先进技术和资源向其集聚，提高平台"集团化作战"能力，建立形成多主体之间协同攻关、标准合作、利益共享、规则共制的产业生态。选择有基础、有条件的产业集群，引导地方政府整合平台商、服务商力量，省、市、县三级联动，共同建设工业互联网产业示范基地，提升制造资源共享和产业协同水平，促进产业集群整体数字化网络化升级。在确保平台建设自主可控的前提下，支持相关企业和组织与美德等国工业互联网平台开展对接、交流与合作。

扶持中小型企业上平台、用平台，参与平台建设与服务。推动组建产业联盟和行业协会，设立平台发展基金，引导中小企业广泛参与。鼓励中小型企业开展数字化改造，建立数字镜像，全面提升设备设施信息化水平，打牢平台发展基础。支持中小微企业业务系统的云化改造和云端迁移，实现大企业建平台与中小企业用平台双向迭代、互促互进。培育一批中小型企业成为工业互联网服务商，为制造企业提供工业互联网建设、工控安全相关咨询、规划、整体实施等一揽子服务，为制造业企业接入工业互联网平台打造良好环境。

8.3.2　发挥市场的决定作用和平台应用的推动作用

发挥市场在平台资源配置中的决定作用。一方面以市场的开放性打破工业技术的封闭体系。信息通信产业和互联网产业的开源技术体系打破了工业企业以技术壁垒为核心建立的烟囱式工业体系，现代信息社会和数字经济时代开放的市场生态颠覆了过去各个行业的封闭利益生态。我国通信和互联网技术产业从跟随到突破，再到创新引领的成功路径，就受益于开源技术体系和开放市场生态。当前，发展工业互联网平台，要引导大量工业企业、软件开发商、系统集成商和其他开发者构筑覆盖技术创新、资源整合和动态配置、平台服务、用户参与、多方协作的开放网状价值生态，打破传统封闭的工业技术体系链式发展的路径，实现换道超车。另一方面以我国的市场优势促进平台建设及应用。中国是制造大国，工业产值世界第一，工业企业数量巨大。同时，中国人口数量世界第一，拥有庞大的市场需求，在工业互联网平台的市场需求和应用方面，中国具有得天独厚的发展优势。美国、德国等国家的工业互联网平台均将中国作为重要市场，积极寻求合作。相比美国、德国等国家主要把大型企业尤其是超大型企业作为平台主要用户群体，中国则通过工业互联网平台将大企业成熟有效的技术、管理、应用等方面的知识经验和能力，通过技术模块化和知识经验软件化的手段，快速向中小企业复制推广，有效降低中小企业的技术门槛和应用成本，带动中小企业的转型升级。同时，广泛、良性的市场生态也能促进平台相关技术进步迭代，形成以应用促进技术能力提升的自循环模式，打造螺旋式上升的发展路径。

推动平台在发展中的牵引作用。一是树立平台应用标杆及试点示范，加快工业互联网相关示范区建设，各示范区围绕自身特色优势产业，建设工业互联网行业应用平台，开展关键共性技术攻关；开展工业互联网应用示范试点企业认定培育，树立一批示范典型案例。二是推动创新活跃的中小企业逐步将业务系统向平台迁移和部署，分行业、分阶段推动工业企业"上云上平台"，以企业"用平台"带动平台发展。积极参与平台应用服务、解决方案、开源项目的众包众创，实现自身能力的快速变现和迭代升级，促进与大企业之间的合作层次向知识交换和能力分享转变，合作范围向跨产业链、跨行业、跨区域扩张。三是将金融服务、人力资源等要素向基于平台的融合性产品、系统解决方案和复合型产业集中，鼓励旨在提供制造业与互联网融合、制造与服务融合，以及第一产业、第二产业与第三产业融合的各类创新。

8.3.3　通过试验与验证规范平台应用，建立标准体系

开展平台基础共性能力测试。面向设备接入、边缘计算、云计算、API（应用程序编程接口）等支撑工业互联网平台构建的基础共性技术，针对平台数据管理、大数据处理、微服务和应用开发环境等不同类型工具，支持科研院所、高校与企业合作开展测试验证系统建设工作；搭建具备通用性和扩展性的平台测试验证环境，开发针对多源异

构数据集成、边缘数据处理、数据网络传输、云计算拓展等能力或场景的测试用例，促进工业互联网平台技术创新，加速平台构建。

基础支撑能力测试包括多类数据接入和协议转换测试、工业数据边缘处理测试、连接管理测试、云计算服务能力测试。工业操作系统能力测试包括开发环境测试、资源管理测试、数据管理测试、工业数据分析测试、工业算法模型测试、微服务架构测试。应用服务能力测试包括工具软件服务测试、业务集成应用服务测试、制造和服务交易能力测试、系统解决方案集成应用测试，以及基于工业 PaaS 的创新应用服务测试。

加快平台应用服务能力验证。聚焦工业互联网平台解决方案及服务能力，支持工业企业搭建工业应用验证场景，对平台软件工具共享、业务系统集成和工业 App 等基础服务能力开展验证，并进行基于平台的个性化定制、网络化协同、智能化生产等完整解决方案验证和示范，支撑工业互联网快速应用推广。

构建工业互联网平台标准体系。统筹推进工业互联网平台标准体系建设，完善平台功能参考架构，加快关键技术标准的制定，支持行业应用标准的制定，形成一批基础共性标准、技术性能标准、行业应用标准及安全保障标准。组织开展标准试验与验证工作，促进标准试验与验证环境建设、仿真系统及相关测试工具开发与应用。

8.3.4　坚持分类施策，协同推进平台建设及应用服务

1. 在扶持平台不同建设主体时坚持分类施策

（1）支持制造业龙头企业建平台。重点推动具备国际竞争力的制

造业龙头骨干企业，发挥其在制造领域技术和知识的长期积累优势，建设工业互联网平台，带动整个行业的数字化、网络化、智能化升级。

（2）支持大型互联网企业、信息通信企业建平台。经过消费互联网的打磨，这些企业在网络通信、云计算、大数据、人工智能等技术领域已经走在世界前列，正在加快向工业领域渗透，为制造业转型升级赋能。

（3）支持行业性、功能性平台建设。近几年，在很多行业领域已经自发形成了一批专业性平台，具有很强的用户黏性和发展生命力，工业互联网的兴起，为这些平台的做大做强提供了良好的契机。

（4）支持制造企业与互联企业基于工业互联网平台开展多种形式的合资合作，加快发展理念、技术产业、生态体系、业务模式等方面的全面融合，创新数据驱动的发展思路、模式、业态，培育平台化、协同化、分享化产业发展新生态。

2. 在推动平台不同层级发展中坚持分类施策

在 IaaS 层，加强政府监管，确保我国工业互联网数据存储、应用、管理的安全可控；在 SaaS 层，充分引入市场自由竞争机制，不断优化市场生态；在 PaaS 层，避免碎片化市场竞争，做好顶层设计；政府强力支持，调动市场力量，引导工业企业、工业自动化企业、ICT企业、互联网企业间优势互补、强强联合；集中力量支持若干核心团队，开展技术攻关、开拓市场，最终形成具备国际竞争力、自主可控的工业 PaaS。

8.3.5 全面落实工业互联网平台安全防护工作

1. 加强平台安全关键技术研究

组织建立工业控制系统与互联网平台融合的一体化安全防御、管理和测评技术体系，改变运营技术（OT）安全与信息技术（IT）安全割裂分离的现状。加强工业互联网安全防护、检测、响应、恢复、预警、追踪、测评等关键技术研究，形成包括终端、边界、平台、数据、工业云的安全体系架构。以核心技术为支撑，促进工业互联网威胁情报收集和安全应急响应机制的建立。

2. 加快平台安全急需标准研制

综合考虑政府、平台运营商和企业用户等层面面临的安全威胁，围绕"基础+技术+管理+服务"标准体系，加快研制《工业互联网安全防护基本要求》《工业互联网安全接入基本要求》《工业互联网数据安全防护基本要求》《工业互联网平台应用安全要求》《工业互联网平台安全管理基本要求》《工业互联网平台网络安全评估实施指南》等重点急需标准，支撑工业互联网安全管理工作。

3. 建设工业互联网安全信息共享平台

借鉴传统互联网网络安全共享经验，建议面向工业互联网平台，开展可信、及时的威胁与漏洞信息监测、共享与分析工作，建设工业互联网安全信息共享平台。通过持续采集平台企业的生产数据和运行数据，辅助企业建立自身的安全数据仓库。利用大数据分析技术发现工业生产异常，及时通知相关工业企业，综合分析共性安全隐患，

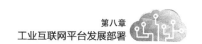

并向平台企业发布安全通报，及时有效防范工业互联网安全事件的发生。

4. 推动平台安全评估试点工作

组织制定工业互联网平台安全评估方法和配套实施细则，选取国内典型工业互联网平台，围绕平台安全管理、安全技术防护、安全接入规范、数据与通信安全等内容，组织队伍开展安全评估试点工作。推动支撑工业互联网网络安全测试床分阶段建设，以早期实验室环境测试部署为基础，通过微型工厂环境测试等环节，从底层设备、控制系统及互联网平台层面对安全现状进行综合评估。

8.4 平台发展建议

8.4.1 充分利用现有成熟技术，快速构建平台

平台构建所需的通用 IT 功能已有大量成熟商业化方案和开源工具，平台企业应加强对现有技术的集成与使用。利用各类 PaaS、容器、大数据处理、人工智能等技术工具，搭建平台基础框架及数据管理分析能力。向下集成工业网关、中间件、嵌入式操作系统等成熟产品和解决方案，实现协议转换与数据集成处理。向上基于开源开发工具、微服务架构等方式快速搭建应用开发环境，实现平台应用创新与现有软件迁移。

8.4.2 强化工业知识积累与分析能力，增强平台核心竞争力

平台企业应重视生产经验、工业机理的提炼与积累，推动物理、化学、机械、控制多学科知识与大数据、机器学习、人工智能等智能化分析技术的有机融合，转化为解决工业生产痛点问题的特色平台服务。加强与行业领先企业合作，实现跨领域工业知识获取、融合与转化，不断拓展平台业务覆盖范围。大力培养具备工业专业知识和信息技术应用能力的复合型人才，为平台能力提升发展奠定坚实基础。

8.4.3 注重开放创新，打造平台应用生态

汇聚形成丰富的创新型应用是平台发展的关键，这不是依靠单个或少数企业就能实现的。在平台发展中，一方面要加强与各类行业客户、专业服务企业的协同合作，发挥其在所属领域的知识经验和资源优势，基于平台形成一系列重量级工业应用；另一方面，积极打造开发者社区，通过提供开发工具、开发环境和微服务组件，吸引第三方开发者向平台聚集，形成一系列面向特定领域、特定场景、特定功能的创新型工业应用。

8.4.4 聚焦优势领域，实现平台差异化发展

平台企业应重点围绕自身优势，形成差异化的平台发展路径。一是具备较强行业积累的平台企业，通过将自身知识、经验与数据固化，

形成可广泛复制的应用服务模式，通过在本行业本领域精耕细作实现平台的规模化发展；二是具备特定技术优势的平台企业，应加强与制造企业合作，将其核心技术与行业特性深度结合，通过平台技术授权、二次集成、资源服务等方式实现平台的广泛部署。优秀平台可依托其核心优势实现跨行业跨领域发展，提升产业链上下游引领带动作用，形成商业模式和发展路径创新。

8.4.5 构建标准体系，促进互联互通

（1）推进标准体系构建，形成基于业界认识的工业互联网平台参考架构与标准体系，明确标准研制的重点方向。

（2）开展重点领域技术标准研制，在平台数据标准方面，研制工业数据交换、分析、管理、建模与大数据服务等标准，实现数据的有效管理与工业要素的一致描述。在开放接口标准方面，研制开发工具API、微服务调用 API 等标准，保证开发者对平台功能的高效调用。在平台互联互通标准方面，探索开展互通架构、数据接口、应用接口、服务对接等标准研制，实现不同类型或不同领域平台间的共享合作。

8.4.6 确保安全可靠，推动可信发展

（1）提升工业互联网平台安全防护水平。加快推进数据加密、访问控制、漏洞监测等关键技术研发与应用，增强平台对非法入侵的甄别和抵抗能力。

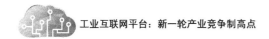

（2）明确数据主权归属，防止信息泄露。清晰界定权利和义务边界，尊重用户的信息隐私和数据主权，提供安全可靠、值得信赖的平台服务。

（3）保障平台稳定可靠运行。综合利用数据备份与恢复、冗余设计、容错设计等方法提升平台运行鲁棒性，加强性能监测与故障监测，及时发现和排除故障，确保平台整体稳定性。

参 考 文 献

[1] 魏毅寅，柴旭东. 工业互联网：技术与实践[M]. 北京：电子工业出版社，2017.

[2] 司晓 等. 互联网+制造：迈向中国制造 2025[M]. 北京：电子工业出版社，2017.

[3] 王明波. 工业互联网背景下我国制造业发展问题探讨[J]. 经济师，2017(2)：291-292.

[4] 国家发展和改革委员会高技术产业司，中国信息通信研究院. 大融合 大变革：《国务院关于积极推进"互联网+"行动的指导意见》解读[M]. 北京：中共中央党校出版社，2015.

[5] 余东华，胡亚男，吕逸楠. 新工业革命背景下"中国制造 2025"的技术创新路径和产业选择研究[J]. 天津社会科学，2015(4)：98-107.

[6] 中国信息通信研究院. 工业互联网体系架构白皮书[J]. 2016.

[7] 张爽. 三次工业革命演进过程中的路径依赖研究[D]. 吉林财经大学，2017.

[8] 于娜. 三次工业革命演变的动态分析[J]. 中国科技论坛，2014(9)：40-45.

[9] 夏瑞丽. 计算机网络的发展进程和趋向[J]. 机械管理开发，2008.

[10] 许正. 工业互联网：互联网+时代的产业转型[M]. 北京：机械工业出版社，2015.

[11] 通用电气公司. 工业互联网：打破智慧与机器的边界[M]. 北京：机械工业出版社，2015.

[12] 谭建荣，刘振宇 等. 智能制造：关键技术与企业应用[M]. 北京：机械工业出版社，2015.

[13] 王建伟. 工业互联网助推中国产业升级[J]. 互联网经济，2015(3)：32-39.

[14] 闫敏，张令奇，陈爱玉. 美国工业互联网发展启示[J]. 中国金融，2016(3)：80-81.

[15] 王峰，杨帅. 工业互联网发展态势及政策建议[J]. 开放导报，2017(2)：84-88.

[16] 田洪川. 从先进制造战略到工业互联网美国掀起再工业化浪潮[J]. 世界电信，2015(4)：66-70.

[17] 彭瑜，王健，刘亚威. 智慧工厂：中国制造业探索实践[M]. 北京：机械工业出版社，2016.

[18] 汪郡. 西门子推出 MindSphere 开放工业云[J]. 轻工机械，2016(3)：48-48.

[19] 陈录城. 海尔工业互联网创新实践：COSMOPlat———助力企业换道超车[J]. 互联网天地，2017(3)：17-19.

[20] 吴文君，姚海鹏，黄韬. 未来网络与工业互联网发展综述[J]. 北京工业大学学报，2017(2)：163-172.

[21] 方晓柯. 现场总线网络技术的研究[M]. 东北大学，2005.

[22] 杨帅. 工业4.0与工业互联网：比较、启示与应对策略[J]. 当代财经，2015 (8)：99-107.

[23] 胡晶. 工业互联网、工业4.0和"两化"深度融合的比较研究[J]. 学术交流，2015(1)：151-158.

[24] 刘默，张田. 工业互联网产业发展综述[J]. 电信网技术，2017(11)：26-29.

[25] 沈苏彬，杨震. 工业互联网概念和模型分析[J]. 南京邮电大学学报，2015(05)：1-10.

[26] 延建林，孔德婧. 解析"工业互联网"与"工业4.0"及其对中国制造业发展的启示[J]. 中国工程科学，2015(07)：141-144.

[27] 李建. 美、德、中三国工业互联网标准建设进展[J]. 工具技术，2017 (01)：75.

[28] 闫敏，张令奇等. 美国工业互联网发展启示[J]. 中国金融，2016 (03)：80-81.

附录 A

《工业互联网平台
建设及推广指南》

工业互联网平台是面向制造业数字化、网络化、智能化需求，构建基于云平台的海量数据采集、汇聚、分析服务体系，支撑制造资源泛在连接、弹性供给、高效配置。为贯彻落实《国务院关于深化"互联网+先进制造业"发展工业互联网的指导意见》，加快发展工业互联网平台，制定本指南。

一、总体要求

深入贯彻落实党的十九大和十九届二中、三中全会精神，以习近平新时代中国特色社会主义思想为指导，坚持新发展理念，聚焦工业互联网平台发展，以平台标准为引领，坚持建平台和用平台双轮驱动，打造平台生态体系，优化平台监管环境，加快培育平台新技术、新产品、新模式、新业态，有力支撑制造强国和网络强国建设。

到 2020 年，培育 10 家左右的跨行业跨领域工业互联网平台和一

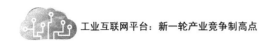

批面向特定行业、特定区域的企业级工业互联网平台，工业 App 大规模开发应用体系基本形成，重点工业设备上云取得重大突破，遴选一批工业互联网试点示范（平台方向）项目，建成平台试验测试和公共服务体系，工业互联网平台生态初步形成。

二、制定工业互联网平台标准

（一）建立工业互联网平台标准体系

制定工业互联网平台参考架构、技术框架、评价指标等基础共性标准。组织推进边缘计算、异构协议兼容适配、工业微服务框架、平台数据管理、平台开放接口、应用和数据迁移、平台安全等关键技术标准制定，面向特定行业制定形成一批平台应用标准。

（二）推动形成平台标准制定与推广机制

充分发挥企业、高校、科研院所、联盟、行业协会作用，推动国家标准、行业标准和团体标准的制定与推广。建设标准管理服务平台，开发标准符合性验证工具及解决方案，在重点行业、重点区域开展标准宣贯培训。

（三）推动平台标准国际对接

建立与国际产业联盟、标准化组织的对标机制，等同采纳国际标准，加快国际标准的国内转化。支持标准化机构、重点企业主导或实质参与国际标准制定。

三、培育工业互联网平台

（一）遴选 10 家左右的跨行业跨领域工业互联网平台

制定工业互联网平台评价方法，在地方普遍发展工业互联网平台的基础上，分期分批遴选跨行业跨领域平台，加强跟踪评价和动态调整。组织开展工业互联网试点示范（平台方向）、应用现场会，推动平台在重点行业和区域落地，支持跨行业跨领域平台拓展国际市场。

（二）发展一批面向特定行业、特定区域的企业级工业互联网平台

制定工业互联网平台服务能力规范，支持协会联盟等开展平台能力成熟度评价，发布重点行业工业互联网平台推荐名录。鼓励地方建设工业互联网平台省级制造业创新中心，推动平台在"块状经济"产业集聚区落地。

（三）提升工业互联网平台设备管理能力

支持建设工业设备协议开放开源社区，引导设备厂商、自动化企业开放设备协议、数据格式、通信接口等源代码，形成工业设备数据采集案例库和工具箱。组织开展边缘计算技术测试与应用验证，推动基于工业现场数据的实时智能分析与优化。

（四）加速工业机理模型开发与平台部署

鼓励平台整合高校、科研院所等各方资源，推动重点行业基础共性技术的模型化、组件化、软件化与开放共享，促进基于工业互联网平台的工业知识沉淀、传播、复用与价值创造。

（五）强化工业互联网平台应用开发能力

支持平台建设多类开发语言、建模工具、图形化编程环境，开发平台化、组件化的行业解决方案软件包，推动面向场景的多功能、高灵活性、预集成平台方案应用部署。

（六）打造面向工业场景的海量工业 App

组织研制工业 App 参考架构、通用术语、分类准则等标准。编制和滚动修订基础共性工业 App 需求目录，支持平台联合各方建设基础共性和行业通用工业 App 及微服务资源池。鼓励第三方建设工业 App 研发协同平台和交易平台，推动工业 App 交易。

四、推广工业互联网平台

（一）实施工业设备上云"领跑者"计划

制定分行业、分领域重点工业设备数据云端迁移指南，推动工业窑炉/工业锅炉/石油化工设备等高耗能流程行业设备、柴油发动机/大中型电机/大型空压机等通用动力设备、风电/光伏等新能源设备、工程机械/数控机床等智能化设备上云用云，提高设备运行效率和可靠性，降低资源能源消耗和维修成本。鼓励平台在线发布核心设备运行绩效榜单和最佳工艺方案，引导企业通过对标优化设备运行管理能力。

（二）推动企业业务系统上云

鼓励龙头企业面向行业开放共享业务系统，带动产业链上下游企业开展协同设计和协同供应链管理。鼓励地方通过创新券、服务券等方式加大企业上云支持力度，发挥中小企业公共服务平台、小型微型企业创业创新基地作用，降低中小企业平台应用门槛。

（三）培育工业互联网平台应用新模式

组织开展工业互联网试点示范（平台方向），培育协同设计、协同供应链管理、产品全生命周期管理、供应链金融等平台应用新模式。组织制定工业互联网平台应用指南，明确平台应用的咨询、实施、评估、培训、采信等全流程方法体系。

五、建设工业互联网平台生态

（一）建设工业互联网平台试验测试体系

以测带建、以测促用，支持建设一批面向跨行业跨领域、特定区域和特定行业的试验测试环境，以及一批面向特定场景的测试床，开展技术成熟度、功能完整性、协议兼容性、数据安全性等试验测试。

（二）建设工业互联网平台开发者社区

支持协会联盟联合跨行业跨领域平台建设开发者社区，推动平台开放开发工具、知识组件、算法组件等工具包（SDK）和应用程序编程接口（API），构建工业 App 开发生态。指导开发者社区建立人才培训、认证、评价体系，组织开展开发者创业创新大赛，加快工业App 开发者人才队伍建设。

（三）建设工业互联网平台新型服务体系

探索基于平台的知识产权激励和保护机制，创建工业互联网平台知识交易环境。构建基于平台的制造业新型认证服务体系，推动建立线上企业资质、产品质量和服务能力认证新体系。建设工业互联网平

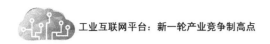
台基础及创新技术服务平台，推动资源库建设与技术成果交易。

六、加强工业互联网平台管理

（一）推动平台间数据与服务互联互通

制定工业互联网平台互联互通规范，构建公平、有序、开放的平台发展环境。制定发布工业互联网平台数据迁移行业准则，实现不同平台间工业数据的自由传输迁移。支持协会联盟制定软件跨平台调用标准，推动工业模型、微服务组件、工业 App 在不同平台间可部署、可调用、可订阅。

（二）开展平台运营分析与动态监测

搭建监测分析服务平台，加强与工业互联网平台运营数据共享，实时、动态监测工业互联网平台发展情况。发布工业 App 订阅榜、平台用户地图等榜单，开发细分行业产能分布数字地图。加强工业大数据管理与新技术应用，推进平台间数据安全流动、可信交易、汇聚共享和服务增值。

（三）完善平台安全保障体系

制定完善工业信息安全管理等政策法规，明确安全防护要求。建设国家工业信息安全综合保障平台，实时分析平台安全态势。强化企业平台安全主体责任，引导平台强化安全防护意识，提升漏洞发现、安全防护和应急处置能力。

附录 B

《工业互联网平台评价方法》

为规范和促进我国工业互联网平台发展，支撑开展工业互联网平台评价与遴选，制定本方法。工业互联网平台评价重点包括平台基础共性能力要求、特定行业平台能力要求、特定领域平台能力要求、特定区域平台能力要求、跨行业跨领域平台能力要求 5 个部分。

一、基础共性能力要求

工业互联网平台基础共性能力要求包括平台资源管理、应用服务等工业操作系统能力，以及平台基础技术、投入产出效益，共 4 个方面。

（一）平台资源管理能力

（1）工业设备管理。兼容多类工业通信协议，可实现生产装备、装置和工业产品的数据采集。部署各类终端边缘计算模块，可实现工业设备数据实时处理。适配主流工业控制系统，可实现参数配置、功能设定、维护管理等设备管理操作。

（2）软件应用管理。 可基于云计算服务架构，提供研发、采购、生产、营销、管理和服务等工业软件，提供工业软件集成适配接口。可基于平台即服务架构，提供面向各类工业场景的机理模型、微服务组件和工业 App。具备各类软件应用及工业 App 的搜索、认证、交易、运行、维护等管理能力。

（3）用户与开发者管理。 具备多租户权限管理、用户需求响应、交易支付等多类用户管理功能。建有开发者社区，能够集聚各类开发者，并提供应用开发、测试、部署和发布的各类服务和管理功能。

（4）数据资源管理。 具备海量工业数据资源的存储与管理功能，部署多类结构化、非结构化数据管理系统，提供工业数据的存储、编目、索引、去重、合并及质量评估等管理功能。

（二）平台应用服务能力

（1）存储计算服务。 具备云计算运行环境，部署主流数据库系统，能够为用户提供可灵活调度的计算、存储和网络服务，满足海量工业数据的高并发处理需求，且积累存储一定规模的工业数据。

（2）应用开发服务。 提供多类开发语言、开发框架和开发工具，提供通用建模分析算法，能够支撑数据模型及软件应用的快速开发，满足多行业多场景开发需求。

（3）平台间调用服务。 支持工业数据在不同 IaaS 平台间的自由迁移。支持工业软件、机理模型、微服务、工业 App 在不同 PaaS 平台间的部署、调用和订阅。

（4）**安全防护服务**。部署安全防护功能模块或组件，建立安全防护机制，确保平台数据、应用安全。

（5）**新技术应用服务**。具备新技术应用探索能力，开展人工智能、区块链、VR/AR/MR 等新技术应用。

（三）平台基础技术能力

（1）**平台架构设计**。具有完整的云计算架构，能够基于公有云、私有云或混合云提供服务。

（2）**平台关键技术**。具有设备协议兼容、边缘计算、异构数据融合、工业大数据分析、工业应用软件开发与部署等关键技术能力。

（四）平台投入产出能力

（1）**平台研发投入**。具备对平台的可持续投入能力，财务状况、研发投入合理。

（2）**平台产出效益**。能够依托各类服务及解决方案，为平台企业创造良好经济效益。

（3）**平台应用效果**。具有良好的应用效果，能够基于平台应用带动制造企业提质增效。

（4）**平台质量审计**。具有明确的运行安全和质量审计机制和能力，以降低由平台运营的潜在风险引起的损失。

二、特定行业平台能力要求

在工业互联网平台基础共性能力基础上，特定行业平台在设备接入、软件部署和用户覆盖 3 个方面具有额外要求。

（一）行业设备接入能力

平台在特定行业具有设备规模接入能力，连接不少于一定数量特定行业工业设备（离散型行业）或不少于一定数量特定行业工艺流程数据采集点（流程型行业）。

（二）行业软件部署能力

平台在特定行业具有工业知识经验的沉淀、转化与复用能力，提供不少于一定数量行业软件集成接口、特定行业机理模型、微服务组件，以及不少于一定数量特定行业工业 App。

（三）行业用户覆盖能力

平台在特定行业具有规模化应用能力，覆盖不少于一定数量特定行业企业用户或不少于一定比例特定行业企业。

三、特定领域平台能力要求

在工业互联网平台基础共性能力基础上，特定领域平台在关键数据打通、关键领域优化构建两个方面具有额外要求。

（一）关键数据打通能力

特定领域平台能够实现研发设计、物料采购、生产制造、运营管理、仓储物流、产品服务等产品全生命周期，供应链企业、协作企业、市场用户、外部开发者等各主体数据的打通，实现全流程的数据集成、开发、利用。

（二）关键领域优化能力

特定领域平台能够实现在某一关键领域的应用开发与优化服务，提升关键环节生产效率与产品质量，如协同设计、供应链管理、智能排产、设备预测性维护、产品质量智能检测、仓储与物流优化等。

四、特定区域平台能力要求

在工业互联网平台基础共性能力基础上，特定区域平台在地方合作、资源协同、规模推广 3 个方面具有额外要求。

（一）区域地方合作能力

平台在特定区域（工业园区或产业集聚区）落地时，在该地具有注册实体，与地方政府签订合作协议，具备在地方长期开发投入、运营服务能力。

（二）区域资源协同能力

平台具有面向特定区域产业转型升级共性需求的服务能力，能够促进区域企业信息共享与资源集聚，带动区域企业协同发展。

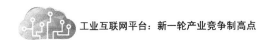

（三）区域规模推广能力

平台具有特定区域企业的规模覆盖能力，为不少于一定数量特定区域企业或不低于一定比例特定区域企业提供服务。

五、跨行业跨领域平台能力要求

在工业互联网平台基础共性能力、特定行业能力、特定区域能力、特定领域能力基础上，跨行业跨领域平台要求包括如下 5 个方面。

（一）平台跨行业能力

平台覆盖不少于一定数量特定行业：

每个行业连接不少于一定数量行业设备（离散型行业）或不少于一定数量行业工艺流程数据采集点（流程型行业）。

每个行业部署不少于一定数量行业机理模型、微服务组件，以及不少于一定数量行业工业 App。

每个行业覆盖不少于一定数量企业用户或不少于一定比例行业企业。

（二）平台跨领域能力

平台覆盖不少于一定数量特定领域：

每个领域之间能够实现不同环节、不同主体的数据打通、集成与共享。

每个领域具有不少于一定数量面向该领域（关键环节）的工业机

理模型、微服务组件或工业 App。

（三）平台跨区域能力

平台覆盖不少于一定数量特定区域：

平台在全国（华北、华东、华南、华中、西北、东北）主要区域注册不低于一定数量运营实体，负责平台在当地区域的运营推广。每个区域具有不少于一定数量特定区域企业用户或为不低于一定比例的特定区域企业提供服务。

（四）平台开放运营能力

（1）平台具备独立运营能力。具有独立法人实体或完整组织架构的集团独立部门，人员规模不少于一定规模。

（2）平台具备开放运营能力。建立"产、学、研、用"长期合作机制，建有开发者社区，且第三方开发者占平台开发者总数比例不低于一定比例。

（五）平台安全可靠能力

（1）工控系统安全可靠。在平台中建立工控系统安全防护机制，主动防护漏洞危害与病毒风险。

（2）关键零部件安全可靠。在平台边缘计算或人工智能应用中，具备关键零部件的安全可靠能力。

（3）软件应用安全可靠。平台创新开发一定数量工业机理模型、微服务组件或工业 App。